理詰めの壁を飛び越える。

ビジネスパーソンのための

ラテラル・シンキング

入門

しげぞう [著]

ビジネス教育出版社

はじめに

　唐突ですが、ここでクイズです。

　あなたはラテラル・シンキングの師匠から竹で編まれた目の粗いザルを渡されました。

　「このザルで、できるだけ多くの水を運んできて、この洗面器に入れておきなさい。ただし、ザルの底にビニールを敷くなど他のものを使うなよ」

　さぁ、あなたはどうしますか？　布に水を含ませてザルに入れますか？　だめですよ。他のものは使えません。

　ラテラル・シンキングでは正解が一つとは限りませんから、これはあくまで一つの答えですが、あなたは水を液体として運ばなければならないと思いこんでいませんでしたか？

　そうです。氷ならザルでも運べますよね。ですから、できるだけ多くの氷をザルに入れて運び、洗面器に入れておけばいいのです。あとは溶けるのを待つだけですね。

　「こんなの頓知じゃないか」と思いましたか？

　そうです。頓知です。

　それでは、次はどうでしょう。これはラテラル・シンキン

グの説明ではよく引き合いに出されている例です。

　ある公園でカップ入りのアイスクリームを売っていたところ、暑さのせいで飛ぶように売れたのですが、辺りに空のカップが散らかるようになってしまいました。お客さんが食べ終わったあとにその辺に捨ててしまうようなのです。それで、アイスクリーム屋さんに「公園が散らかるからなんとかしなさい」とクレームが来ました。どうすれば良いでしょうか？

　ゴミ箱をあちらこちらに設置しますか？　でもゴミの回収の手間と費用がかかりますし、そもそもゴミ箱の設置が許可されるかどうかわかりません。

　そこで、カップを食べられるコーンにしてしまえばどうでしょう。そうです。それが今のソフトクリームの販売方法ですね。この話は、一説では1904年にアメリカのセントルイスで開催された万国博覧会で売られていたアイスクリームを入れていた金属の容器が不足したことからコーンを使うようになったらしいことが、木村尚義氏の『ずるい考え方　ゼロから始めるラテラルシンキング入門』（あさ出版）でも紹介されています。

　このように、理詰めで考えて良い解決方法が出ないときでも、視点を変えたりすることで得られる解決方法があります。

これがラテラル・シンキングです。

　ビジネスにおいても日常生活においても、行き詰まるということがあります。特にビジネスにおいては、その壁を突破しなければこれ以上売上が上がらないといった次元の課題が生じると、日常業務の改善レベルではなく、ビジネスモデルの変革が必要になる場合もあるでしょう。

　このようなとき、私たちは過去の経験や実績、競合他社の様子、市場調査や財務諸表の数字などのさまざまなデータと知恵を総動員して分析し、打開策を打ち出そうとします。

　ときには定番の経営分析手法を駆使して、ロジカルな思考を重ねて新たな戦略を考案するかもしれません。あるいはプロジェクトチームを立ち上げて、論理的な議論を重ねて戦略を立案するかもしれません。

　その結果、事態が良い方向に向かい始めれば良いのですが、気がついたら価格競争などの消耗戦に巻き込まれて、事態が悪化しているかもしれません。

　しかし、ありとあらゆる商品やサービスがひしめき合っている市場においては、もはや既存業務の改善や効率化、既存ビジネスの延長上での工夫では如何ともし難い場合が多いのでは

ないでしょうか。

　ましてや市場そのものが衰退しているときには、どれほど
の合理化や改善を行っても、立ち行かなくなってしまうでしょ
う。デジタルカメラ市場が拡大したことで衰退したフィルム市
場に対するコダックと富士フィルムの対処法の違いはつとに有
名です。

　コダックはいち早くデジタルカメラの開発を進めていたに
も関わらず、今現在の売上の柱であるフィルム事業に固執して
しまい、余力のあるうちにデジタル化への転換を行うことを
怠ってしまいました。その結果、フィルム市場の衰退とともに
企業自体が衰退してしまったのです。

　一方の富士フィルムは主力であったフィルム事業からの脱
却を図り、自社が蓄積してきた技術をもとにCCD素子やプリ
ンターのインク、液晶ディスプレー、医療機器、医薬品、化粧
品、サプリメントなどの開発に力を入れて多角化を成功させて
生き残りました。

　つまり、イノベーションによるビジネスモデルの変革に成
功したのです。イノベーションとは、改善や工夫ではなく変革
です。そしてこの変革をもたらすためには、思考の飛躍が必要

です。ロジカルな思考法だけでは飛躍は困難です。

　そこで登場するのがラテラル・シンキングです。ロジカル・シンキングが垂直に掘り下げていく垂直思考と喩えられるのに対し、ラテラル・シンキングはロジカル・シンキングのように同じ観点で深掘りするのではなく、思考を水平に移動させて全く違ったアプローチで思考するため水平思考と呼ばれます。ある問題を解決するために、真正面から立ち向かうのではなく搦め手からアプローチする思考法です。そのため、イノベーションシンキングやクリエイティブシンキングとも呼ばれます。

　つまり、ラテラル・シンキングは直感的なひらめきとも言えます。そう言うとラテラル・シンキングは特殊な才能の持ち主にしか実践できない思考法だと敬遠されてしまいそうですね。

　しかし、ラテラル・シンキングはコツさえ掴めば誰にでも実践できます。しかも頓知のような問題解決を行えるラテラル・シンキングは人間ならではの思考法であり、実践し始めると楽しくなります。

　それでは、ラテラル・シンキングを知ることで、頭を柔らかくしていきましょう。

理詰めの壁を飛び越える。
ビジネスパーソンのための
ラテラル・シンキング入門
ロジカルで行き詰まったときの、思考の詰まりの外し方

第 3 章 思考法を使い分ける

第 4 章 ラテラル・シンキング脳質になる

**第10章　ラテラル・シンキングを支える
クリティカル・シンキング**

**第11章　ラテラル・シンキングの糸口になる
アナロジカル・シンキング**

第 12 章　**ラテラル・シンキングの
ビジネス実例**

第 1 章

ひらめきが求められる時代

正解のない時代

　私たちは、正解のない時代に生きていると言えそうです。順調に経済が成長し、人口も増え続けた時代は、商品は作れば売れましたし、給料も年々上がりました。その結果、人々の生活も着実に豊かになっていきました。

　このような時代であれば、どのような商品を開発して市場に投入すればどれだけ売れて、どのようなサービスを提供すれば利用されるのか、予測が容易でした。また、売れた商品やサービスがあれば、二番煎じでも二匹目のドジョウでもおおよそ利益を得られました。

　人生でさえも、どんな学歴を得てどんな業界のどんな会社

に就職すれば、どんなペースで出世して昇給し、いつ頃子供ができて家を構え、無事に勤め上げれば退職金も得られて十分な蓄えと年金でどんな老後の生活が送れるのか、おおよその目安も立てられました。

したがって、何事においても正解があったのです。

しかし現在は様相が異なります。現代はVUCAの時代と呼ばれてもいます。VUCAとは、Volatility（変動性）、Uncertainty（不確実性）、Complexity（複雑性）、Ambiguity（曖昧性）という4つの単語の頭文字をとった元は軍事用語で、現在では社会情勢や経済情勢などが予測困難な時代を示します。

1990年代にバブルが崩壊すると景気が急激に悪化し、サブプライムローン問題がリーマンショックと呼ばれる金融危機を引き起こし、2001年に米国でニューヨークのワールドトレードセンターやワシントンD.C.のペンタゴンにハイジャックされた旅客機が突入するという同時多発テロが起きて、それに対する報復戦争が始まり、世界では宗教上や民族上の差別や対立が激化しました。

また、安泰だと思われていた大企業が、デジタルディスラプターと呼ばれる新興企業の新しいビジネスモデルに市場を奪

われてしまい、新型コロナウイルスの感染拡大により景気が悪化して人々の生活様式や価値観を変えてしまいました。

　VUCAの時代では、新しい技術やサービスが次々と登場し、既存のビジネスや産業構造に大きな影響を与えます。例えば、UberやAirbnbなどは、タクシー業界やホテル業界にとって予想外の競合となりました。また、新型コロナウイルスの感染拡大や気候変動などは、人々の生活様式や価値観を一変させました。

　このようなVUCAの時代には、それまでの成功体験では対応できない事態が発生するため、柔軟な適応力が求められます。つまり、効率化や改善といった従来の考え方の延長ではなく、発想の転換によるイノベーションが求められるのです。

　つまり、ロジカルな思考の限界を突破できる思考法が必要となります。

「ひらめき」が求められる時代

　ロジカルな思考の限界を突破するための思考法として、ラテラル・シンキングという思考法があることを本書では紹介していきますが、詳しい説明はもう少し後にさせてください。

　先に、ラテラル・シンキングで重要な「ひらめき」が現代
は求められている理由を考えてみましょう。

　もちろん、ひらめきは昔から世の中を変えてきたのですが、
以前は一部の特別な才能の持ち主たちによって発揮されていま
した。しかし現代は、誰もがひらめきを活用しなければならな
い時代だと言えます。

　その理由は、前節で言及したように、現代が予測困難な時代
だからです。不確実性にうまく対処するためには、従来の方法
ではなく、新しい方法が必要です。つまり革新が必要なのです。

　そして、その革新をもたらすのは、理詰めで考え抜くより
も、ひらめきという思考のジャンプだと言えます。

　この意味から、現代は誰にでもひらめきが求められる時代
だと言えます。

AI時代に求められる思考法

　予測不可能な時代には、ひらめきが必要であることをお話
ししましたが、現代はひらめきの結果としてのアイデアが必要
とされる時代です。

かつて製造業が経済を牽引していた時代には、多くの人に必要とされるのは量産体制に馴染むことでした。そこでは考える人は一部でよく、多くの人には決められた作業への順応が求められたのです。

　しかし先進国ではGAFAMに代表されるように、アイデアにより成長することが重要になってきました。

　また、AIが進化したことで、会計士や税理士などの士業の業務も単純な業務はAIに取って代わられ、よりコンサルティング的なアイデアが求められるサービスの提供が必要とされるでしょう。

　さらに、ホワイトカラーの業務の多くもAIに任せられるようになれば、人の仕事はより創造的なアイデアを出すことにシフトしていくと考えられます。AIを便利に使いこなすためにもアイデアが求められるでしょう。

広告宣伝費を引き出せ

　あるメーカーが自社製品である家電品の取扱説明書を制作するに当たり、開発部が制作費（原稿作成代、編集代、印刷代など）を節約する方法がないか苦慮していました。良い方法はないでしょうか？

解答例

　取説の巻末や裏表紙などに、関連製品の広告を掲載することで宣伝部の予算を確保してはどうでしょう。たとえば、パソコンの取説にプリンターの広告を掲載したり、冷蔵庫の取説に電子レンジの広告を掲載するなどです。いかがでしょうか？

第 2 章
ラテラル・シンキング とは何か

イノベーションは改善ではない

　昨今のビジネス現場では、「イノベーションを起こさなければならない」という掛け声が盛んです。そこであらゆる部門の現場の人たちは、現状の業務や商品、サービスを点検し、何か改善できることや効率化できることがないか、あるいは無駄なプロセスがないか賢明に探し始めます。

　しかし、イノベーションとは「革新」です。あるいは新しい結合や新しい切り口、新しい活用法です。つまり現状の改善や効率化ではありません。

　たとえばガラケーと呼ばれたフューチャーフォンの操作性を良くするために、画面を大きくしたりボタンの配列を工夫し

たりしてもそれはイノベーションではありません。操作自体を液晶画面上で行え、アプリを自由にインストールできるスマートフォンを生み出すことがイノベーションです。

　同様に、自転車を速くするためにギア比を変えたり、馬車が速くなるように車輪を改善するのではなく、オートバイや自動車を生み出すことや、フィルムカメラをデジタルカメラにすること、蝋燭を電球にすること、扇風機をエアコンにすること、そろばんを電卓にすること、レコード盤をCDにすること、タイプライターをパソコン上のワープロソフトにすることなどがイノベーションです。

　製造物の技術だけではありません。お客様の注文に応じて商品を取り出して販売するのではなく、お客さんが自ら動いて商品を選ぶスーパーマーケットにすることや、書店で本を購入するのではなくネット上から電子書籍をダウンロードすること、映画館に観に行くのではなく自宅のテレビでストリーミング動画配信される映画を観ること、手紙を郵送するのではなくインターネットを使った電子メールで伝えることなどもイノベーションです。

　つまり、何かの改善や効率化にとどまらず、これまの技術

や仕組みに取って代わる新しい技術や仕組みを生み出すことが
イノベーションなのです。

ラテラル・シンキングとは何か？

　イノベーションを起こす際に有効な思考法がラテラル・シンキングです。

　ラテラル・シンキングはマルタの医師であり心理学者、作家、発明家、コンサルタントでもあったエドワード・デボノ（Edward de Bono、1933–2021年）により提唱されました。

　よく知られた思考法としてロジカル・シンキングやクリティカル・シンキングなどがあります。ロジカル・シンキングは物事を論理的に深掘りしていく思考法で、垂直思考とも呼ばれます。また、クリティカル・シンキングは批判的思考と訳されることが多く、物事を客観的かつ批判的に考察する思考法です。

　これらの思考法に対してラテラル・シンキングは物事を水平方向かつ主観的に発想する思考法です。多視点で捉える思考法とも言えます。物事を発想するに際して、前提条件に囚われません。

そしてロジカル・シンキングが論理的な思考を積み上げながら筋道立てて物事にアプローチするのに対して、ラテラル・シンキングは思考するにあたって筋道を立てる必要はなく、むしろいきなり結論にジャンプすることもあります。

ラテラル・シンキングの特徴

ラテラル・シンキングはとらえどころが難しい思考法ではあります。では、その特徴を見てみましょう。

まず、この思考法では前提を取っ払ったり視点を変えたり、あるいは異なる分野の成功例を参考にしたり結合したりするなどして、今までにない新しい発想を行うことができます。

また、論理的思考を積み上げていくプロセスを経ないため、いきなり結論にたどり着くことができます。

さらに、正攻法を取るとは限らず搦め手から問題解決にアプローチすることがあるため、労力や費用を抑えることができます。

たとえば幅員の狭い道路での交通事故を減らそうとした場合、ロジカルに考えれば信号機システムを導入したり道路の形

状を変更する工事を行うなどと大掛かりな対策が講じられるで
しょう。

　しかしラテラル・シンキングでは、センターラインをなく
すことで却ってドライバーが対向車に注意して走行することに
なり事故が減るかもしれない、という発想が出てくる可能性が
あります。

抽象化する力

　ラテラル・シンキングでは、物事を抽象化して捉えること
でその本質を見抜こうとします。物事の本質が見えると、問題
解決の方法や新商品の企画のための発想の幅が広がります。

　たとえばおしゃれなデザインのマグカップを仕入れたのです
が、思っていたほどには売れず、かなりの在庫品を抱えてし
まったとします。

　ロジカル・シンキングであれば、売り場での陳列方法を変
更してみることや販売価格を下げること、割引セールを行うこ
と、あるいは販売促進のためにホームページ上で目立たせると
かSNSで話題になるように仕掛けるなどの対策を考えるかも

しれません。

　しかし、それらの施策では成果が上がらなかったらどうでしょうか。もはやこのマグカップの販売を諦めるべきでしょうか。

　いえいえ、まだラテラル・シンキングを活用してみる価値がありそうです。まずは物事の本質を見極めましょう。

　そこでマグカップの本質は何かを考えてみます。マグカップの本質は飲み物を入れる容器ですが、この段階では用途としてコーヒーを飲むために使ったり、スープを飲むために使ったりすることに限られます。少なくとも、そのように思い込んでいるでしょう。しかし仕入れたマグカップはデザインが斬新すぎたのか、飲み物を入れる用途では売れなかったのです。

　そこで少し抽象度を上げてみると、マグカップは「食品の入れ物」であるという本質に至ります。入れ物であるならば、用途は一気に広がります。飲み物だけでなく、デザートを盛り付けてもいいと思いつきます。

　さらに抽象度を上げると、「器」という本質に至りました。器であるならば、入れるものは飲み物や食べ物に限りません。少し高さがあればペン立てにしてもいいですし、底が浅ければダブルクリップやアクセサリーなどの小物入れにしてもいいで

しょう。土を入れれば観葉植物を植える鉢にもなります。

　そこで実際に土を入れて色々な観葉植物を植えてみると、なかなかに洒落ていることに気づきました。このようにして「マグカップ付きの観葉植物」としてあくまでマグカップを観葉植物の付属品として店頭に並べたところ、「可愛らしい」「おしゃれ」と評判がよく、在庫はあっというまに掃けてしまいました。

　こんどはタクシーを抽象化してみましょう。タクシーをものとして抽象化すると車ですね。更に抽象化すると乗り物です。乗り物なのだから道路を走るだけでなく空を飛んでも構いません。空を飛べば、渋滞に巻き込まれませんし、目的地まで直線距離で移動できます。そこで「空飛ぶタクシー」の発想が生まれてきます。

　一方、タクシーを機能の面で抽象化すると「お客様が快適に移動できるサービス」となります。もう少し抽象度を上げると、「お客様に快適な空間を提供する移動サービス」とできそうです。

　そこで案として、タクシー内でエッセンシャルオイルを使って芳香浴をしていただく「アロマテラピー・タクシー」が考え

られます。あるいは良質な音響システムを装備してお客様の好みのジャンルの音楽を流す「ミュージック・タクシー」も考えられます。いずれも苦手なお客様もいるので、指名制のサービスにすることが考えられそうです。

正解は一つとは限らないという思考法

　私たちは何かの課題を解決しようとしたり、新しい試みを行おうとしたりするとき、自然な成り行きとして結論は一つだと思い込んでいることが多いでしょう。これは学校の勉強や受験勉強において、常に一つの答えを出すことが正解であると教育されてきたことの弊害かもしれません。

　しかし物事を水平に思考するラテラル・シンキングでは、答えを一つに絞り込む必要がありません。考えられる解決策はいくつでも出せばいいのですし、アイデアも最初から絞り込む必要はありません。唯一の正解など想定していないのです。

　たとえば3つのりんごを4人で分ける方法を考えなさい、という課題があったとき、2つのりんごをそれぞれ2等分して

4人で分けてから、残りの1つを4等分すればいい、というのも正解です。しかし、もう一つ、3つのりんごをジューサーでジュースにしてしまい、4つのコップに均等に注いで分けるのも正解で構わないのです。

　答えは一つであるという思い込みの弊害はビジネス上だけに現れるのではありません。

　たとえば国際紛争のニュースに接したときに、どちらか一方の国だけが悪いかのような報道がされていたときも、「本当だろうか？」と疑問を持てるようになるなど、あらゆる場面で、答えや考え方は一つではないかもしれない、と思えるようになります。

常識にとらわれない方法

　疑問を持てるようになるのがラテラル・シンキングだとお話ししましたが、ラテラル・シンキングの大敵は固定観念です。「〜にちがいない」「〜のはずだ」などといった思い込みが発想を狭めてしまいます。ですから、「本当だろうか？」や「そもそも、なぜ、こうなっているのか？」などといった疑問を持つ

習慣を身につける必要があります。

　固定観念から自由になる習慣を身につけるには、自分と異なった観念を持っている人たちと会話することが有効です。たとえば異なる世代の人たち、異なる業界の人たち、異なる国の人たちと会話をする機会を持つと、自分の思い込みに気付かされる機会が増えるでしょう。

　また、普段から「そもそも〜」と心のなかで唱える癖をつけることも有効です。

　たとえば会社で「Ａという商品の売上が下がっているので、どうしたら上げられるか」といったテーマで会議が行われているときにも、心の中で「そもそも〜」と唱えると、「そもそも売上が下がっているのは間違いないのか？　短期的なデータか長期的なデータか、特定の地域しか見ていないのではないか？」などと疑問が湧きます。

　また、「そもそも商品Ａの売上を上げることを努力するのは正しいのか？　すでに商品としてのライフサイクルが終わっているのであれば撤退すべきではないのか？」「そもそも市場のニーズが変化した結果として売れなくなったのであれば、新商品を投入すべきではないのか？」などと根本的な問題に気がつ

けるかもしれません。

どう分ける？

　３枚の板チョコレートがあります。これを５人の子どもたちに公平に分けたいのです。板チョコレートには真ん中に溝が入っているので、真二つに割ることは簡単です。さて、どうしたらうまく５人に分けられるでしょうか？

解答例

　ロジカル・シンキング的な回答としては、３枚の板チョコレートをそれぞれ半分に割って６枚にし、そのうちの５枚を５人に配ります。そして残りの１枚はゲームで勝った子の商品にします。しかしこれでは５人に公平に分けたことにはなりませんね。

　そこでラテラル・シンキング的な解答例としては、３枚の板チョコレートをすべて鍋に入れて溶かしてしまい、そこに牛乳などを加えてホットチョコレートにします。後は５つのコップに均等に注げば、公平に５人に分けられます。

　ずるいですか？

第 3 章
思考法を使い分ける

ロジカル・シンキングとは

　ラテラル・シンキングを理解するには、私たちが慣れ親しんでいるロジカル・シンキングと比較することが有効です。

　そこでまず、ロジカル・シンキングとは何かについて整理しておきましょう。慣れ親しんでいるだけに、改めて言語化しないとぼんやりしてしまうためです。

　ロジカル・シンキングは論理的思考と訳されるとおり、論理的な手法で思考するプロセスを示します。ロジカル・シンキングの特徴を挙げると次のとおりです。

　まず、思考する際には前提を必要とし、その前提となった事実や情報に基づいて結論を導くために論理を使用します。

　次に、問題を要素に分解し、各要素を分析したり分類したりして整理して思考の足がかりとします。

　また、帰納方と演繹法のアプローチを行います。帰納法は、具体的な事例やデータから一般的な原則や法則を導き出すアプローチです。演繹法は逆に、一般的な原則や法則から具体的な結論を導き出そうとします。

　以上の特徴から、ロジカル・シンキングで適切な結論を導き出すためには、論理的な思考を行える能力と、適切な前提やデータが用意されている必要があります。

　ロジカル・シンキングはあらゆる場面で役立つ思考法ですし、私たちにも馴染みが深いため、これを有効に活用することで多くの問題を解決することができるでしょう。

ロジカル・シンキングの必要性

　私たちがロジカル・シンキングを必要とする理由は、結論に対する説得力を得るためだと言えます。特にビジネスパーソンにとっては、取引先に対しては、商品やサービスを購入して

いただくための説得力を持たなければなりませんし、社内に対しても稟議書を通したり、上司や部下に協力を要請したりする際の説得力が必要です。

そしてロジカル・シンキングに説得力があるのは、事実から論理的に導き出された結論を提示できていると考えられるためです。つまり、誰が出した結論であろうとも、誰もが納得できる事実を根拠に、誰もが同意できる筋道を立てて結論を説明できているためです。

ですから、根拠となる事実に曖昧さやいかがわしさが見られたり、論理に飛躍が見つけられれば、その結論は一気に説得力を失ってしまいます。

このことは同時に、ロジカル・シンキングでは根拠となる事実や論理プロセス以外の情報や経緯はノイズ扱いされてしまいがちであるということです。つまり思考に「遊び」がありません。

そのため、いったん根拠となる事実や論理プロセスといった前提に疑念が生じてしまうと、途端に説得力が失われるだけでなく、次の一手を打ち出せない硬直状態になりがちなのです。

ロジカル・シンキングの限界

　私たちは意識しなくても、日頃からロジカル・シンキングを行っています。ロジカル・シンキングは体系化された手法を学べば、より強力な思考法となります。

　しかし、現実の社会には、ロジカル・シンキングでは突破できない問題が多くあります。

　たとえばビジネスの場では、商品やサービスのコモディティ化が速く、競合との差別化が困難になっています。

　この際、各社が差別化を図るための努力を行いますが、同じ情報を入手できる現代においては、ロジカル・シンキングでは類似の結論に至ってしまうため、飛び抜けて優位に立つことが困難です。

　このようなロジカル・シンキングの限界は、縦方向の垂直思考であるがゆえに、発想の飛躍が行われにくいことに理由があります。

　そこで、このロジカル・シンキングの限界を突破するために、横方向の思考法、つまり水平思考であるラテラル・シンキングによる発想の飛躍が期待されるのです。

ロジカル・シンキングと
ラテラル・シンキングの違い

　それではロジカル・シンキングとラテラル・シンキングの違いは何でしょうか。

　まず、ロジカル・シンキングは根拠となる事実を基に、論理的な思考を積み上げていきます。AだからB、BだからCといったようにです。ですから、AからいきなりCに飛躍することはありません。

　一方、ラテラル・シンキングでは、結論に至る筋道や論理を必要としないため、いきなり結論に飛躍することができます。この飛躍の仕方についてはおいおい説明していきたいと思います。

　また、ロジカル・シンキングでは論理的な思考を積み上げながらも結論を絞り込んでいきますので、唯一の正解を求めます。もしかしたらこれも正解なのではないか？と思える結論が出そうになっても、根拠となる事実からの積み上げがなされていなければ、正解とは認められません。

　一方、ラテラル・シンキングでは水平方向に視点を散らば

せて、多角的に問題や課題にアプローチするため、正解が一つ
とは限りません。いくつもの正解にたどり付くことができます。

　ある結論を正解だとみなしたからといって、別の結論を排
除しないのです。ロジカル・シンキングの結論が「〜べきだ」
となるのに対して、ラテラル・シンキングの結論では「〜もあ
りだよね」となります。

　以上のように述べると、「それならロジカル・シンキングは
不要なのでは？」と思えてしまいます。しかし思い出してくだ
さい。ロジカル・シンキングは、他者に対する説得力を持って
います。ですから、ラテラル・シンキングで複数の結論を出す
ことで選択肢を増やしておき、その中から最も有益で現実的な
結論を絞り込んだら、今度はその結論に説得力を持たせるため
にはロジカル・シンキングで補完してあげる必要があるのです。

　つまり、ロジカル・シンキングとラテラル・シンキングは
併用することでより自由な発想を行いながらも説得力のある論
理的な裏付けを得ることができるわけです。

ロジカル・シンキングとラテラル・シンキングの使い分け

　ラテラル・シンキングで得た結論をロジカル・シンキングで補完する使い分けについて紹介しましたが、この前提として、現代はラテラル・シンキングをメインにしなければビジネスでの競争で優位に立てなくなっているという事情があります。

　これまでは、ビジネスで優位に立つためにはロジカル・シンキングの様々なフレームワークを駆使して、自社の商品やサービスに優位性を付加したり、生産性を高めるために業務プロセスの改善を行うなどしたりしてきました。

　ところがすでに述べましたように、誰もが同質・量の情報を得られる現代では、ロジカル・シンキングでたどり着ける結論は競合と同等の改善や効率化にとどまってしまいます。

　そこで現代は、イノベーションを起こせることが競争優位に立つための必須条件だとされているのです。

　しかし、改善や効率化の延長にイノベーションはありません。イノベーションとは革新だからです。つまり、これまでの延長ではなく全く新しいことを始める必要があります。

　そこで、論理を飛躍できるラテラル・シンキングが求められるようになりました。ただし、それではロジカル・シンキングの出番はなくなったのかと言うとそのようなことはありません。ロジカル・シンキングだからこそ得意な場面もあるためです。

　そこで、ロジカル・シンキングとラテラル・シンキングの使い分けを考えてみましょう。

ロジカル・シンキングが得意な場面

- 市場がまだ成長している段階。
- 製品の改良やバリエーションを増やすことが有効な段階。
- あえてリスクを侵さなくても売上を伸ばせる段階。

ラテラル・シンキングが得意な場面

- 既存の市場が、もはや成長が望めない状態。
- 価格競争が始まっていない新しい市場を創造しなければならない段階。
- 売上を飛躍的に伸ばしたい段階。
- 企業のビジネスモデル自体を見直すべき段階。

クリティカル・シンキングの必要性

　ロジカル・シンキングとラテラル・シンキングの橋渡しとしてクリティカル・シンキングを活用することも大いに有効です。クリティカル・シンキングは現在大いに注目されている思考法で、批判的思考法と訳されています。

　クリティカル・シンキングが注目されているのは、インターネットを中心としてマスコミも含めて、現代はフェイクニュースが問題視されていること、SNSなどで同じ考えや情報が増幅されてあたかもそれが正しい情報だと思えるようになってしまうエコーチェンバー現象が起きていること、そして検索エンジンがユーザーの指向性に合った検索結果を返すことでユーザーに都合の良い情報以外が除外されてしまうフィルターバブル現象が起きていることがあります。

　これらの現象に対して、批判的な思考を行わなければ、偏った情報に基づく偏った考えを持ちやすい危険があるのです。

　クリティカル・シンキングは事象や情報を多角的かつ客観的に検討して、ときに前提も疑うことで物事の本質を見極めようとする思考法です。

　このクリティカル・シンキングは、物事の本質を見極めることで全く新しい発想を得ようとするラテラル・シンキングととても相性が良いのです。ラテラル・シンキングの入り口にクリティカル・シンキングをかませると、物事を多角的に捉えやすくなります。

　また、すでに言及しましたロジカル・シンキングは、主張する側の都合に合わせた前提で論理が構築されている場合も多々あります。そのような主張の矛盾を見抜くために、クリティカル・シンキングは有効です。

　このようなときに活用するクリティカル・シンキングでは、次のような視点で相手の主張を検証します。

　まず、抽象的な主張や主観的な意見が含まれていないかどうかを見極めます。たとえば「20代の多くが」や「高いパフォーマンスで」などといった「多く」や「高い」などの形容詞や「激しく上昇しています」や「強く意識されています」などといった「激しく」や「強く」などの副詞が使われていて具体的な数値が示されていないことに着目します。

　次に結論に具体性が欠けていないかどうかに注目します。たとえば「早めに行動すべきです」などと結論されていた場合、

「早めに」とはいつまでにか、「行動」とは具体的に何をするのかが曖昧であれば、注意が必要です。

　さらに、論理の飛躍にも注意します。たとえば「今どきの若者はゲームばかりやっているから接客が下手なのだ」という主張では、「ゲームばかりやっている」ことがなぜ「接客が下手」なのかという根拠が明らかにされていませんので論理が飛躍しています。また、「その仕入れ値を下げられないなら、この市場から撤退すべきだ」といった主張も、他の選択肢を検討していないために論理の飛躍が生じています。

　このように、クリティカル・シンキングを身につけることで、矛盾のある主張や意味のない慣行などの問題点に気付けるようになります。

ラテラル・シンキングを助ける
クリティカル・シンキング

　クリティカル・シンキングでは、「そもそもその前提は正しいのか？」や「そもそもそのプロセスは必要なのか？」あるいは「そもそもその結論以外の選択肢はないのか？」などと、い

わゆる「そもそも論」によって課題と向き合うため、一見ロジカルに導き出された結論に対しても批判的に再検討することができます。

　このようにしてすでに出されている課題や結論を揺さぶることで、ラテラル・シンキングの多角的な思考に移りやすくなります。そのため、たとえばビジネス上の課題が持ち上がったとしても、次のようなラテラル・シンキングの視点を持ちやすくなります。

　少し練習をしてみましょう。

課題

　上層部から法人営業部の部長に対し、法人営業部の人員の平均残業時間が180時間を超えているので残業を減らすように改善せよ、との要請がありました。そこで営業部長は「すぐに増員します」と答えましたが、上層部からは「短絡すぎる。もっと考えろ」と言われました。どうすればいいのでしょうか？

　さて、ここでラテラル・シンキングを行うために、まずはク

リティカル・シンキングの「そもそも論」を行ってみましょう。

そもそも人員は足りないのですか？

そもそも一人当たりの作業量は適切ですか？

そもそも各人の業務プロセスに無駄はありませんか？

そもそも部門の目標売上額やそれに基づく各人の目標額は合理的な金額ですか？

そもそも営業戦略（ターゲティングや営業手法など）は適切ですか？

そもそも営業部員の教育は十分に行われていますか？

そもそも、扱っている商品は今でもニーズがあるのでしょうか？

――など、まだまだ出てきそうですね。

これらの疑問に対して検証してからでなければ「増員します」という結論を出すべきではありません。そしてこれらの疑問を検証することで、これまで全く思いもよらなかった解決案が出てくる可能性があるのです。

このようにラテラル・シンキングはクリティカル・シンキングと併用することでより効果的な思考法となりますので、その使い方については別途章を設けて改めて触れたいと思います。

常識を取っ払う

加藤さんは大のカレーライス好き
です。毎日カレーライスでも飽きな
いと豪語します。そこで最近オープ

ンしたカレーライス店に早速行き、開店記念の期間限定スペシャ
ルカレーライスを注文したところ、半分も残してしまいました。
いったい、どうしたのでしょう?

答え

答えは一つとは限りません。例として、「想像を絶する辛さ
だったから」「量が通常の倍だったから」「途中で会社から緊急
の呼び出し電話が入ったから」など、頭を柔軟にして考えま
しょう。

第 **4** 章
ラテラル・シンキング
脳質になる

子供のような純朴な気持ちになってみる

ラテラル・シンキングでは、当たり前だと思われていた前提や常識から自由になることが求められます。たとえばコンビニエンスストアで売るコーヒーは缶入りかペットボトルという常識を覆したのがセブンイレブンの本格的な淹れたてコーヒーでした。

あるいはＴ字型カミソリと言えば刃と柄が一体型のカミソリでしたが、ジレットは交換できる2枚刃にすることで皮膚を傷つけにくくより安全に剃れるカミソリをつくりました。

また、冬は厚手の生地のインナーを着るものだという常識

を覆したのがユニクロのヒートテックです。

　私たちは親や学校の先生たち、あるいは友だちや会社の同僚、上司など、周りにいるあらゆる人たちから「常識」を植え付けられます。もちろん、常識を押さえておかなければ社会的な協調性を保てませんから、これは必要なことではあります。

　しかし、変化が必要とされたとき、あるいは革新が必要とされたときには、いつでも子供の頃の好奇心と素直で自由な発想を取り戻せるようにしておきたいものです。

　そのためには、普段から色々なことに興味や疑問を持ち、ちょっと笑ってしまうくらいにユニークな発想をすることを心がけるようにしましょう。

　たとえば本書では各章の終わりに簡単な「ちょっとブレイク」として少しバカバカしいと思われるようなクイズを掲載していますが、これらのクイズを解くような「頓知」にふれることも、頭を柔軟にするトレーニングになります。

抽象化する習慣をつける

　ラテラル・シンキングには抽象化する力が必要だと述べま

した。そこでラテラル・シンキング脳質になるために、日頃から物事を抽象化する習慣を持つようにしましょう。

　たとえばボールペンを見たら、「ああ、これは抽象化すれば『書く道具』だな」と考えます。しかも、いちいちインクを付けなくても芯の先からインクが出てくる便利な書く道具です。

　一方、筆を見たときにも抽象化して「これも書く道具だな」と考えます。こちらはいちいち墨汁を付けなければなりませんが、太さやカスレ具合などを自由に表現できる特徴があります。

　両方とも「書く道具」という共通点があるのですから、それぞれの利点を合体させたらどうでしょうか。墨汁が自動的に出てくる筆ペンができますよね。

　逆に一つのものを抽象化して用途を増やすこともできます。たとえば傘は雨を防ぐ道具ですが、「なにかから防ぐ道具」と抽象化すれば、陽射しを防ぐ日傘になります。

　あるいは抽象化することで形状が変わるものもあります。たとえば団扇は扇を手で往復運動させて風をおこしますが、風を連続的に起こすのであれば羽根を回転させる扇風機になります。

　しかし扇風機は羽根が露出しているため、うっかりすると指や細いものを挟んでしまう危険があります。そこで「風を起こ

すもの」であればいいのなら、羽が見えるところにある必要は
ないと考えられたのがダイソン社独自の羽根がない扇風機です。

　このように、日頃からいろいろな物事を抽象化する癖とい
うか遊びを行っていると、ラテラル脳質に変わってきます。

セレンディピティを活かす

　セレンディピティとは、偶然によって新しい発見やアイデ
アを得ることです。

　セレンディピティはイギリスの作家ホレス・ウォルポール
（Horace Walpole　1717年9月24日–1797年3月2日）が、
『セレンディップの3人の王子』という童話にちなんでつくっ
た言葉です。この童話は、3人の王子たちが偶然から知恵や幸
運を得る物語です。

　セレンディピティは科学やビジネスで発見や発明をもたら
していますが、これらは単なる偶然ではありません。日頃から
研究したり興味を持っていたりして知識や経験を増やしていた
ことで、偶然を活かすことができたのです。

　セレンディピティの有名な例には次のようなものがあります。

最も有名なセレンディピティは、アルキメデス（紀元前287?−紀元前212年）の原理の発見でしょう。純金の王冠の製作を任された職人が金に混ぜ物をして誤魔化したかどうかを確かめる方法を思い詰めていたアルキメデスが、風呂に入ったときに水が溢れ出るのを見てインスピレーションを得たと伝えられています。

　ポリエチレンの発見も、ドイツの科学者であるハンス・フォン・ペヒマン（Hans von Pechmann　1850 − 1902年）がジアゾメタンを熱分解している際に偶然発見されています。

　抗生物質のペニシリンも、イギリス・スコットランドの細菌学者のアレクサンダー・フレミング（Alexander Fleming 1881年8月6日 − 1955年3月11日）が培養実験中に誤って雑菌のアオカビを混入させてしまったことから発見されました。

　マジックテープの商品名で有名な面ファスナーは、スイスの電子工学者であるジョルジュ・デ・メストラル（George de Mestral　1907年6月9日 − 1990年2月8日）が登山をしたときに、服や愛犬の毛にくっついた野生ゴボウの実に着想を得ました。

　ポスト・イットの商品名で有名な糊付き付箋は、米国の化

学者スペンサー・ファーガソン・シルバー3世（Spencer Ferguson Silver III　1941年2月6日 - 2021年5月8日）が3M社の研究員として強力な接着剤を開発中に失敗して弱い接着剤をつくってしまったことがきっかけで考案されました。

　以上のようにセレンディピティは思いがけない場面で起きます。偶然の出来事が、自分が興味を持ち続けたり研究・探求し続けたりしていることに結びつくのです。ですから、セレンディピティは完全に運任せにすることで起きるのではなく、ある程度意図的に引き起こすことができます。

　そのためには日頃から好奇心を持つことや試行錯誤すること、そして異なる分野と接点を持つために多様性を求める習慣を持つことが必要です。

ひらめきを増やすには普段からのインプットが大事

　セレンディピティの準備には日頃の研究・探求が必要であることを述べましたが、ラテラル・シンキングは単に直感やひらめきを当てにする思考法ではなく、直感やひらめきが起きる

準備をしておく必要がある思考法です。

　その最も容易な準備は、情報を集めることです。その課題の専門分野に関する知識だけでなく、全く関係のない情報が役立つことも多いのです。

　ですから、まずはラテラル・シンキングにより解決したい課題に関係する情報収集を行い、それらを読んだり視聴したりするなどしてできるだけ頭に入れます。同時に、日頃からあらゆる分野の物事に対して興味をいだき、多くの情報に接しておきます。

　雑学も有効です。あるいは色々な場所やイベント、集まりなどに参加して知的体験を得ることも有効です。

　このとき、読んだり視聴したりした情報を無理に暗記する必要はありません。「あ、これは大事だな」と思ったことは記憶に留めるように努力すべきですが、あとは一通り頭の中を通過させる感じです。

　人は、意識していなくても見聞きしたことは記憶しているため、後に正確に思い出せなくても、「たしかこの辺りの話だったなぁ」とか「○○というキーワードで調べられそうだな」「このあたりの書籍を読んでみれば役立ちそうだ」などと当たりを

つけることができるようになっています。

　要するに、何か情報が必要になったときに、少しでも多くの「手がかり」を手にしていることが重要となります。正確に思い出せなくても役に立つのです。すると、いざラテラル・シンキングを発揮しようとしたときに、ある課題について考え続けていると、それまでバラバラの点であった記憶の断片が線となり面となり、突如として立体として繋がり合う瞬間が訪れます。

　このとき、考えている最中にひらめきが訪れるとは限りません。もう十分に考えたと感じたら、一旦考えることを止めてしまえば良いのです。他の課題に取り組んでも構いませんし、好きなことをしても構いません。それでも脳は、本人の意識に関係なく水面下で考えを継続しています。

　すると、全く予想していなかった瞬間に、しかも多くは油断していた瞬間に、素晴らしいアイデアがひらめく可能性があります。

　ただ、ひらめきはすぐに忘却の彼方に去っていく性質を持っているので、ひらめいたらすぐに書くなり音声で録音するなりして記録しましょう。

　しかしひらめいたアイデアはそのままでは粗削りで使い物

にならないことが多いので、誰かに話したり見せたりしても説得力を持てるようにブラッシュアップする必要があります。

過去の考えや知識をもったいないと思わずに捨てる、ゼロベース思考

　ゼロベース思考とは、既存の知識や経験、思い込みに囚われずに、ゼロベースから自由に考えることです。もちろん、ラテラル・シンキングでは現在持っている一見課題とは関係のない知識や経験が組み合わされて創造性を発揮する可能性があります。

　しかし、それは既存の知識や経験に囚われることではありません。あくまでゼロベースで思考した結果、たまたま既存の知識や体験が生かされただけなのです。

　ところが人は、「せっかく知っていること」や「せっかく体験したこと」、あるいは「せっかく調べたこと」や「せっかく考えたこと」に執着してしまいがちです。これはサンクコスト効果（sunk cost effect）と呼ばれる心理効果で、すでに支払った、あるいは投じたコストである埋没費用（sunk cost）を無

駄にしたくないと思ってしまう心理状態です。

　たとえばある製品開発を続けてきた結果、その製品では市場に受け入れられないことがわかったとしても、これまでに投資した金銭的コストや時間的コストを無駄にしたくないために、開発を止められなくなってしまいます。本来なら、全くゼロから開発し直す方が合理的だという判断が下せなくなってしまうのです。

　サンクコストはラテラル・シンキングの妨げになる場合もあります。ある課題を解決するためには全く新しいアイデアが必要であるにも関わらず、サンクコスト効果により現状の改善で手を打とうとして失敗してしまうのです。

　このようなときは、既存の知識や経験、考えたことなどを一旦白紙にもどし、ゼロベースで考える必要があります。

先入観を疑う

　ラテラル・シンキング脳質になるためには、自分の先入観を取り除く必要があります。しかし、自分の持っている先入観にはなかなか気づきにくいものです。そこで、自分の先入観を

取り除きやすくする方法を紹介します。

　まず、今、自分が考えていることは先入観に影響されていないか客観視する意識を持ちましょう。自分の考えていることを客観視することは簡単ではありませんが、意識することを習慣化することで、徐々に自分の考えを客観視できるようになってきます。

　何かを考えたときに、「待てよ。この考えの根拠はなんだろう？」と自分に問いかけてみてください。実は確たる根拠がないことに気がつくかもしれません。

　次に、先入観に気づくために、常に新しい知識や考えに触れるようにします。いろいろな専門家の批評文やコラムを読んだり、書店で見つけた気になる新刊書を読んだりしてみましょう。新しい知識や考えに触れることで、自分が先入観を持っていたことに気付かされる機会が増えます。

　また、ディスカッションやブレーンストーミングなどで他人から出された意見やアイデアをすぐに否定する癖があれば注意が必要です。他人は自分とは異なる知識や経験、文化的背景を基に思考していますので、自分の先入観に気づかせてくれる可能性があります。

　そして、これまでなんとなく避けていたことに挑戦してみることをお勧めします。それほどだいそれたことをする必要はありません。昼食をいつもと違う店で取ってみるとか、他の部署の飲み会に参加してみる。いつもと違う街で買い物をしてみたり、なんとなく避けていた作家の本を読んでみたりします。「なんだ、思っていたのと違った」と感じることができれば、自分の先入観に気づきやすい脳質に変わっていきます。

思い込んでいる前提から脱する

　コップが等間隔で４つ並んでいます。左から順に空のコップ、水が入ったコップ、水が入ったコップ、空のコップと並んでいます。この中のコップを一つだけしかも１度だけ動かして、空のコップ・水が入ったコップ・空のコップ・水が入ったコップと交互になるようにするにはどのコップをどのように動かせばいいでしょうか。しかも動かしたあとのコップは、等間隔のままになっていなければなりません。

答え

　右から２番めのコップを持ち上げて、中の水を右側のコップに注いで元の位置に戻します。コップの中の水だけを移動してはいけないと思い込んでいませんでしたか？

第 5 章
ラテラル・シンキングの実践

組み合わせる

　本章では、ラテラル・シンキングを実践する方法について紹介します。

　世の中には全く独創的な新しい物事はそうそう登場しません。特にビジネスにおいては全く独創的な新しい商品やサービス、ビジネスモデルはほぼ出てこないのが現状です。

　それでは新しいと言われている物事は何かというと、既存の物事を組み合わせているにすぎません。ですから、私たちも独特な新しいアイデアを出そうとするときは、既存のアイデアを組み合わせてみることが最も効率的です。

　たとえば新しいお菓子を創作しようとしたら、和菓子と洋

菓子を組み合わせてみたり、和菓子と洋菓子をそれぞれ素材に分解して組み合わせ直してみたりするだけでも、たくさんのアイデアが出てきます。後は実際に組み合わせてみて商品として成り立つかどうかを確かめていけばいいのです。

　あるいは可愛らしいものが好きな若い女性層をターゲットにした軽自動車を企画したいのであれば、軽自動車に可愛らしさというコンセプトを打ち出すために、可愛らしさといえば子猫だろう、と組み合わせてみます。

　そこで、とりあえずコスト面の課題はあとで検討するとして、デザイン的には子猫の顔を思い出してしまいそうなフロントデザインに、猫の耳型のドアミラーを付けて、リアワイパーは尻尾の形状で、ボディーの塗装は猫の模様（三毛、キジトラ、斑など）のバリエーションでラインナップするといったアイデアが出るかもしれません。ドアロックを解除するたびに「にゃー」と音がするのも楽しいでしょう。

　また、その製品を使うシチュエーションを組み合わせても良いでしょう。たとえば水場でも使えるイヤホンです。入浴中や雨の中、水泳中にも使えるイヤホンを企画すれば、防水機能付きのイヤホンとして売り出すことができます。

いろいろな組み合わせを行うためには、日頃からいろいろな物事に興味を持ってアンテナを張っておく必要があります。そして、組み合わせてみる前から「ありえない」と否定するのではなく、「何が出てくるかわからないからやってみよう」と、とりあえず組み合わせてみるという遊び心も大切になります。

抽象度を上げる

ラテラル・シンキングを行うためには、物事の抽象度を上げることが有効です。すでにマグカップの用途の抽象度を高めたことで、観葉植物の鉢として売り出す方法について紹介しました。

前者の例では、マグカップの機能を抽象化しました。つまりマグカップの機能を「飲み物を入れる容器」から単なる「容器、入れ物」に抽象化したことで、それなら観葉植物を植えても構わないよね、と発想していったのです。

次にニーズで抽象化してみましょう。たとえばこれまでにない独創的なボールペンを企画したいとします。そこでボールペンの用途を抽象化してみます。

ボールペンは「文字を書きたい人やイラストを描きたい人が使う」から「文字を書くことやイラストを描くことを楽しみたい人が使う」に抽象度を上げます。すると、これまでボールペンの企画が目指していた人たちが「なめらかに書けること」や「滲まずに書けること」、あるいは「途切れずに書けること」といった機能面を高めることに注力していたのが、こんどは「楽しく書けること」や「書いていて楽しくなること」に視点をシフトさせることができます。

その結果、技術的な実現性は後で検討するとすれば、次のようなボールペンの企画が出てくるかもしれません。

- 束ねられた数色分のリフィル（インクが入ったチューブ）から一つの先端のボールにインクが送られるようにすることで、「文字を書いている最中にインクの色が次々に変化していくボールペン」
- 暗いところでも書いた文字が発光する特殊なインクを使った「暗いところでも読める文字を書けるボールペン」
- 線を描く方向や強弱に合わせていろいろな効果音が出る「サウンドで書くことを盛り上げてくれるボールペン」

　いかがでしょうか。このように、機能や用途などを抽象化することで新しい発想を生み出すことができます。

「当たり前」を崩す手法

　私たちは、常に驚嘆しながら暮らしているわけではありません。日常生活や職場で体験していることの殆どを、「当たり前」のこととして受け止めているためです。そのため、事あるごとに驚いたり疑ったりすることなく、精神的に安定した状態で過ごすことができます。

　このことは同時に、日常生活や職場で大量の情報や刺激に曝されていながら、そこから何も発想することができずに漫然と過ごしているかもしれないことを示しています。

　ラテラル・シンキング脳質になるためには、日常生活や日々のルーチンワークの中からも、新たな気づきや発想を得られるようにならなければなりません。そのためには次に述べるような「当たり前を崩す手法」を試みる必要があるのです。

知識をアップデートさせ続ける

　「当たり前」は常に変化します。去年までは当たり前だったことは、今年は通用しなくなっているかもしれません。以前はインターネットに接続するにはパソコンとモデムが必要でしたが、今はスマートフォンがあればどこからでも接続できます。以前は、車はガソリンで走るものでしたが、今では電気で走る車も増えてきました。

　このように、「当たり前」自体が常に変化していますので、私たちは自分の知識もアップデートし続ける必要があります。そのことで現在の「当たり前」を知り、それを疑うことができるからです。

視点を変える

　「当たり前」だと思っていることの多くは、自分の経験やバイアスに基づいて形成された見解です。したがって、自分にとって「当たり前」でも、もしかすると他の人にとっては奇妙なことかもしれません。このことを利用して自分の視点を変えてみることができます。

　たとえば別の部署、別の会社、別の業界、別の地域、別の

国に属する人たちの意見や経験に意識を向けることで、自分の「当たり前」に疑問を持てるようになります。

「なぜ？」と問い続ける

　常日頃から、「なぜ？」と問いかける習慣を持ちましょう。なぜ、この道路は左側ばかりにお店が多いのか、なぜ、駅の反対側には飲食店が多いのか、なぜこの曜日はお昼が混みやすいのか。あるいは仕事ならなぜこの書類には押印が必要なのか、なぜこのオフィスではみなパソコンをデスクの左側においているのか、なぜこの帳票は紙に手書きの必要があるのか、なぜこの作業はアウトソースしないのか、などなど。

　「なぜ？」を問い続けることで、思わぬ気づきがあるはずです。

逆説的に思考する

　たとえばあるプロジェクトを進めるに当たって、通常は「成功させるためにはどうすればよいのか？」と考えます。しかし、逆に「失敗させるためには何をすればよいのか？」と逆のことを考えることで、初めて浮き上がってくるリスクや障害があります。

あるいは、「頑丈な製品にするにはどうしたらいいか？」と考えたなら、逆に「壊しやすい製品にするにはどうすればよいか？」と考えることで気づく工夫もあるのです。

このように逆説的に考えることで、「当たり前」に疑問を投げかけることができるようになります。

ルールを変えてみる

私たちは日常生活を安定させるために、また仕事を円滑に進めるために、意識するしないに関わらずさまざまな既存のルールに従っていたり、あるいは自らルールをつくっていたりします。

変化を求めずに安定した暮らしや仕事を続ける場合であれば、これらのルールは有効に機能しますが、変化が激しい時代においては、その変化に気づかなかったり乗れなかったりすることで、生活の質を落としてしまったり仕事を失ってしまったりするリスクもあります。

そのようなリスクを回避するためには、環境の変化に柔軟に対応するために自らのルールを変えてみることで従来の習慣

から自由になり、新たな気付きや発想を得ることが必要です。

　たとえば日常生活であれば、食事の取り方を変えてみる。移動時の交通手段を変えてみる。食後のテレビの時間を読書の時間に変えてみる。おやつの時間をウォーキングの時間に変えてみるなどです。

　また、仕事であれば、週のはじめに行っていた企画会議を週末に変えてみる。馴れ合いで出していたアウトソース先の業者を変えてみる。午前中は社内業務を行い午後からは外回りをしていた営業であれば、丸1日を社内業務に当てる日と、丸1日を外回りに当てる日に分けることで業務の効率化を試みてみる。管理職の押印が必要だった書類から押印の工程を省いてみるなどです。

　また、製造業なら小売業のルールを導入してみるとか、テレビ広告の製作にウェブ広告の手法を取り入れてみる。あるいは、他の業界のルールを参考にして自分の業界のルールを見直してみるなども有効かもしれません。

　このように、ルールを変えることで新しいアイデアを得られるかもしれません。

オズボーンのチェックリスト法

　ラテラル・シンキングを促進するために有効なアイデアを創出するフレームワークが「オズボーンのチェックリスト」です。

　オズボーンのチェックリストは米国の実業家であるアレックス・ファイクニー・オズボーン（Alex Faickney Osborn、1888年3月24日–1966年3月5日）により提唱されました。オズボーンはブレーンストーミングという言葉を生み出した人物でもあります。

　オズボーンのチェックリストは、次の9つの項目で物事を見直すことで、新しいアイデアを生み出したり課題の解決策を見つけたりすることができます。

❑ 転用：他に使い道はないか
❑ 応用：他に似たものはないか
❑ 変更：意味、色、動き、音、匂い、様式、形などを変えられないか
❑ 拡大：何か付け加えたらどうか
❑ 縮小：小さくできないか

❏ 代用：他の素材、材料、部品、工程、動力、作業方法は使えないか

❏ 再配置：要素を取り替えたらどうなるか

❏ 逆転：反対にしたらどうか

❏ 結合：組み合わせたらどうか

例を考えてみましょう。

転用：他に使い道はないか

ブログで公開していた記事をまとめて電子書籍や紙の本として出版する。廃校になっている小学校の校舎をリフォームしてベンチャービジネスのテナントスペースにする。

応用：他に似たものはないか

兵法書の『孫子』を経営戦略書に転用する。紙おむつなどに使われている高分子吸収剤を猫のトイレ用の砂として使う。

変更：意味、色、動き、音、匂い、様式、形などを変えられないか

カレンダーを月単位の円グラフスタイルにして経過割合をわかりやすくする。扇風機から羽根をなくす。

拡大：何か付け加えたらどうか

軍手の手のひら側に滑り止めのゴムを付ける。薬の販売時間を延長して便利にしたドラッグストア。

縮小：小さくできないか

音楽を再生する機能だけに絞ることで小型化した携帯音楽プレーヤー。ヘアカットのみにサービスを絞り込むことで顧客の拘束時間を短縮したヘアカット専門店。

代用：他の素材、材料、部品、工程、動力、作業方法は使えないか

紙のカタログ販売をウェブサイトでのネット販売に変えたECサイト。ガソリンの給油と精算をドライバー自身ができるシステムに変えたセルフサービスのガソリンスタンド。

再配置：要素を取り替えたらどうなるか

　カフェオレのコーヒーを抹茶に変えて抹茶オレにする。携帯電話の物理的なボタンを画面上のアイコンに変えることで画面を広くしたスマートフォン。

逆転：反対にしたらどうか

　注文した料理を店員に配膳してもらうのではなく、自分の食べたい料理を自分で取りに行って、食べた分だけ料金を払うビュッフェ方式。粘着力を弱くすることで新しい用途を開拓した糊付き付箋。

結合：組み合わせたらどうか

　インクジェットプリンターにスキャナーやコピー機の機能を持たせた複合機。腕時計に体温や心拍数、歩数を計測する機能を追加したウェアラブルデバイス。

改善よりも別の方法を

　人は保守的な生き物です。現状のままでは良くない、改革

が必要だ、という状況になっても、既存の物事の手直しでなん
とか凌ごうとします。

　例えば既存の商品やサービスの売上が下がり始めても、こ
れらの商品やサービスの手直しで売上を挽回できないかと考え
ます。あるいはビジネスモデルが行き詰まっても同様です。既
存のビジネスモデルの延長線上でしか手を打てない場合が多い
でしょう。

　しかし、時には全く別の商品やサービス、ビジネスモデル
に変えなければ衰退を止められない場合があります。このよう
なときにこそ、ラテラル・シンキングにより、発想の転換を行
う必要があります。

　たとえばニンテンドーは家庭用ゲーム機の激しい競争の中
で、ハードウェアの性能やグラフィックの美しさでは競合に太
刀打ちできない状況に追い込まれていました。このとき、ハー
ドウェアの性能を高めたりグラフィックの美しさを改善しよう
としたりしたのではなく、リモコンに他のコントローラーを採
用することで体を動かしてゲームを楽しめる「Wii」を投入し、
新たな市場を開拓しました。

　また、アップルはパソコン市場で苦境に立たされたときに

スティーブ・ジョブズが復帰し、「Think different.」のポリシー
を掲げて音楽プレーヤーやスマートフォン、タブレットなどの
新しい市場を開拓することで躍進しました。

　このように、改善では対処できない状態にあるときは、思
い切って別の方法を採用することで現状を打破することができ
る場合があります。このようなときにこそ、ラテラル・シンキ
ングを発揮するときです。

ベータ版という発想

　画期的なアイデアが浮かんでも、それを実行に移さなけれ
ば意味はありません。

　しかし、すでに述べた通り人は保守的な生き物です。新し
いアイデアが浮かんでも、実行しないで済む理由を考えてしま
います。まだアイデアの完成度が低いのではないだろうか、
ニーズがないかもしれない、失敗したらどうしよう、笑われた
らどうしよう、予算が足りなかったらどうしよう、他の仕事が
忙しくなったらどうしよう……。

　しかしラテラル・シンキングでは、とりあえ実行してみて、

不足しているものがあれば追加する、余分なものがあれば削る、そして失敗したらやり直す、と試行錯誤することでアイデアをブラッシュアップする方法を目指します。

すなわち、ベータ版を走らせてみるという発想です。

GAFAMに代表される米国のIT系企業は、新しい製品やサービスができると、考えられるかぎりでの品質を装備したら、それ以上の問題点は市場に教えてもらうという発想で行動しています。すなわち、ベータ版を市場に投入し、だめならすぐに撤退しますし、改善が必要であれば、市場の反応を見ながらアップデートしていきます。

まずはアイデアを実行する。そうしなければ、いくら優れたアイデアが浮かんでも、永遠に実行されるときが来ないのです。

チームによるラテラル・シンキング

思考や発想は、必ずしも一人静かな部屋で行う必要はありません。むしろ、ラテラル・シンキングはチームで行うとより予想外の成果をもたらす可能性があります。バックグラウンドの異なる多様な人たちが集まることで、より多様なアイデアが

生まれる可能性があるからです。

　チームによるラテラル・シンキングでは、参加者同士がお互いのバックグラウンドを尊重し、視点が異なることも尊重し合います。各人が異なる成功体験や失敗体験を持ち寄り、異なる知識や専門性を持ち寄ることで、より幅広い視点から課題にアプローチすることが可能になります。

　チームによるラテラル・シンキングでは、議論やブレーンストーミングを通じてアイデアを洗練させていくため、お互いに批判し合うことなく、多様性を受け入れるオープンマインドでコミュニケーションをとっていきます。

　チームでラテラル・シンキングを実施するためには次のようなポイントがあります。

多様性を尊重し合う

　互いに異なるバックグラウンドを持っている人たちが、より幅広い視点で課題にアプローチできるように、多様性を受け入れてお互いに学び合う姿勢で接し合うことが大切です。

課題に再アプローチする

　多様なバックグラウンドを持つチームメンバーが集まるのですから、それまでの課題へのアプローチ方法はいったん忘れて、改めて様々な視点でアプローチし直すことが大切です。

批判や偏見を持たない

　ブレーンストーミングを行う際には、より自由な視点で課題にアプローチできるように、また、より自由なアイデアが出るように、お互いを批判したり偏見を持って接したりしないことが大切です。

信頼し合う

　チームメンバーはお互いに信頼し合いましょう。同じ目標に向かっていることを確認し合い、楽しみながら知的な刺激を与えあってアイデアを広げていきます。

　以上のように、ラテラル・シンキングはチームで行うことで、一人では発想し得なかったアイデアを生み出すことも可能になります。

原因を変える

　あるラーメン店では、味の評判は悪くないので、時間帯によってはほぼ満席になるほどお客さんが入るときもあります。しかし、店長としては、「行列のできるラーメン店」にしたいと考えています。そこであることをしたら、広告を出したり新作メニューを開発したりするなどのお金をかけなくてもお店の外にお客さんが並ぶようになりました。何をしたのでしょうか？

解答例

　座席数を減らして料理を出すまでの時間を遅くするようにしました。その結果、それまでは店内になんとか収まっていたお客さんが店の外に並ぶようになったのです。冗談のような方法ですが、飲食業界では本当に実施することがある戦略だそうです。

第 6 章

アイデアの出し方

アイデアの質は量で決まる

　ロジカル・シンキングでは正解は一つでした。しかしラテラル・シンキングでは正解が一つとは決めつけません。実際、現実の課題の解決策は一つではありません。

　よりよいアイデアを出すためには、たくさんのアイデアを出す必要があります。一人で考えるにしてもチームで考えるにしても、アイデアをもう無理だという段階まで出してみましょう。

　なぜなら、最初のうちにすぐさま浮かんでくるアイデアの多くは、すでに誰かが考えているか、平凡なものが多めであるためです。ところが無理矢理にでもアイデアを出し続けると、バカバカしいものも増えると同時に、奇抜なものや斬新なもの

が出てくるようになります。

　つまり、最初から優れたアイデアを出すことは稀なのです。無理矢理にでもたくさんアイデアを出し続けることで、最初は単純だったアイデアが、新たな視点や組み合わせを生み出す方向に向かい、その結果として革新的なアイデアが出るようになります。

　また、最初のうちは完成度の高いアイデアを出そうとして構えてしまいますが、アイデアを出し続けているうちに、バカバカしいかもしれないとか現実味がないなどといった制約が外れ始めます。また、量を出さなければならないため、視点や発想を広げざるを得ない状況に追い込まれていくのです。

　結果的に、アイデアの質を求めるのであれば、量を出すことが有効なのです。

SCAMPER法

　ここからは、ラテラル・シンキングに役立てることができる発想法について紹介します。

　まずはSCAMPER法です。

SCAMPER法は既存の製品やサービス、あるいは仕組みなどについて、7つのステップを経ることでアイデアを出す方法です。7つのステップの頭文字からはSCAMPER法と名付けられています。7つのステップは以下のとおりです。

S（Substitute：代替する）

既存の製品やサービスなどの素材や要素、プロセスを別のもので代替してみたらどうなるか考えてみます。例えば車の窓ガラスを強化プラスティックに変えることで車体全体を軽量化し、燃費を良くするなどです。

C（Combine：結合する）

既存の製品やサービスなどを組み合わせることで新しいものを創出します。たとえばコインランドリーとカフェを組み合わせれば、利用者にとっては洗濯の待ち時間にくつろげますし、事業者にとってはコインランドリーの稼働時間に飲食業の収益を期待できます。

A（Adapt：適応する）

　別の製品やサービス、あるいは別の業界の成功例などを、自分のビジネスに適用することで新しいアイデアを生み出します。たとえばファストフード店などで提供されているドライブスルーのサービスを処方箋薬局に適応させれば、車に乗ったまま受け取り窓口に移動することで薬を受け取ることができます。その結果、患者さん同士が接触しないため、感染症の予防効果が期待でき、プライバシーも守られやすくなります。

M（Modify：変更する）

　既存の製品やサービスの素材やプロセスを変更することで新しい製品やサービスを生み出します。たとえば英会話教室やヨガ教室に通うのではなく、オンライン会議システムを利用することで、家にいながらにして英会話やヨガのレッスンを受けられるようになるなどです。

P（Put to another use：別の用途に使う）

　既存の素材や技術を、従来とは異なる用途に使用することで新しい製品やサービスを生み出します。たとえば宇宙産業で

開発された技術を生活用品に応用するなどです。宇宙飛行士が宇宙ステーションで快適に過ごすために開発された下着の技術が、加齢臭や汗の匂いを減少させる下着に商品化されたり、ロケットや人工衛星を熱から守るための断熱技術が建築用の塗布式断熱材に応用されるなどです。

E（Eliminate：削除する）

　既存の製品の要素を削除したり、サービスのプロセスを省いたりすることで製品やサービスの低価格化や使い勝手の向上を図ります。たとえばネットバンクの口座開設に当たり、本人確認のための書類を郵送していたプロセスを、免許証などと本人の顔をスマートフォンで撮影するだけで手続きできるようにして利便性を向上させるなどです。

R（Reverse or Rearrange：逆転または並べ替える）

　製品の構成要素を逆にしてみたり、サービスのプロセスを入れ替えたりするなどして新しい製品やサービスを生み出します。例えば従来は書籍の購入や映画の鑑賞は、先に本を選んでから代金を払って購入したり、先に観る映画を決めてから映画

館でチケットを購入していましたが、サブスクリプションサービスの登場は、先に料金を支払ってから、読みたい電子書籍をダウンロードしたり、観たい映画を選ぶというようにプロセスが逆になっています。

アブダクション

　アブダクションはアメリカ合衆国の哲学者で論理学者、数学者、科学者であるチャールズ・サンダース・パース（Charles Sanders Peirce、1839年9月10日–1914年4月19日）を中心に提唱された思考法です。未知の現象や観察される事実に対して適切な理由を見つけ出すために使われます。演繹法や帰納法に次ぐ第三の思考法ともされます。

　アブダクションの特徴は、事実や現象から論理的に結論を導くのではなく、それらの背後に潜んでいるだろうと考えられる構造や原因を仮定することです。思考のプロセスは次のとおりです。

　まず、事実や現象から背後にある構造や原因を既知の情報や理論を基に仮説を立てます。その仮説で対象としている事実

や現象を説明できるかどうか評価します。評価できなければ再び仮説を立て直します。仮説を立て直しながら、新たな洞察を得ます。

　少々わかりにくいと思われますが、ロジカルではなく、直感や想像力・創造力を総動員する思考法だと言えます。

　たとえばフライパンに焦げがついたという現象から、コンロの火力が強すぎたのではないかという仮説を立てます。そこで実際にコンロの火力を調整しながら焦げがつくかどうか確認します。仮説が裏付けられれば、コンロの火力がフライパンに焦げを付けるのだ、という洞察が得られたことになります。

　あるいはオフィス内の観葉植物が枯れたという現象から、水やりがたりなかったのではないかと仮説を立てます。そして実際に水やりの頻度を増やすことで観葉植物の状態が良好に回復するかどうか観察します。もし、回復しなければ、日当たりが悪かったのではないかと仮説を立て直します。そして日当たりを良くしてあげることで観葉植物の状態が良好に回復すれば、観葉植物の状態を良好に保つためには日当たりが重要である、という洞察を得られます。

逆の視点からのアプローチ

　逆の視点からのアプローチは課題解決やアイデアを発想するために、あえて従来とは逆の視点やアプローチを採用する発想法です。この手法により、思い込みや偏見から脱することができ、より創造的なアイデアを得られることが期待できます。

　たとえば新商品を企画したいとき、通常であれば市場のニーズに合わせて商品を企画します。しかしこの方法では、競合他社でもすでに着手していそうなありきたりの商品の企画しかできないかもしれません。

　そこで逆の視点からのアプローチとして、「調査結果でわかった最もニーズのある消費者にとって全く必要ではない特徴をもたせるとどのような商品になるか?」と発想します。そのことで、まだ世の中に存在していないユニークな商品を生み出すことができるかもしれません。

　実際、この逆の例がありました。すなわち市場調査の結果、ニーズがないからと開発を止めてしまった例です。スマートフォンといえば、米アップル社がiPhoneを発売して瞬く間に世界中に普及させましたが、実はそれ以前に日本の大手メー

カーとインフラ企業が共同開発していたというのです。

　ところが市場調査を行ったところ、タッチスクリーンは日本人に受け入れられない、携帯で写真を撮る人はいない、通信速度が遅いため携帯のブラウザでコンテンツを閲覧する人はいない、アプリをインストールできる機能はセキュリティ面で問題があるなどの結果が出たというのです。

　これらの市場調査の結果から、その先駆的な製品の市場投入は見送られてしまいました。もし、このときに逆の視点からのアプローチが行われていれば、iPhoneに先駆けた製品を日本が世界に普及させた可能性も、あったかもしれません。

ブレーンストーミング

　ブレーンストーミングとは、米国の実業家であり著述家であるアレックス・F・オズボーン（Alex Faickney Osborn、1888年3月24日–1966年3月5日）によって考案されたアイデアを出し合う会議方式のひとつです。

　ブレーンストーミングではグループでアイデアを自由に出し合いますが、よりよいアイデアが出やすいように次のような

基本的なルールがあります。

批判しない

　ブレーンストーミングではアイデアの量を確保するために、どんなアイデアでも歓迎し、批判しないようにします。

自由な発想

　参加者は自由な発想を行います。そのために、思いついたアイデアの実現性などは考えません。実現性や具体的な実施方法等は、後で考えます。まずはアイデアを出すことに徹します。

統合と改良

　ブレーンストーミングで提案されたアイデアを、結合させたり改良したりすることで、さらに新しいアイデアを出します。

ランダム発想法

　ランダム発想法は、無作為に選びだしたワードや要素を課題に結びつけてアイデアを出す発想法です。ランダム発想法に

は次のようなバリエーションがあります。

ランダムワードを使う

　辞書を適当にめくったり、現在の時刻と同じ数字のページを選んだりするなどしてランダムに複数の単語を選び出します。たとえば「星」「ケーキ」「帽子」などを選び出し、これらの単語をつなぎ合わせてアイデアを展開します。たとえば新しいデザートを開発しようとしていたのなら、「星を散りばめたようなデザインの帽子型のケーキ」などです。

ランダムな画像を使う

　ランダムに選ばれた複数の写真や画像を見て、それらから連想される要素や印象を活用してアイデアを出します。例えば新しい商業施設を開発しようとしてランダムに選び出した写真が「夜空」「ローマの遺跡」「ベネチアの風景」であれば、施設内部の柱や壁のレリーフを古代ローマ風のデザインに統一して天井にはプロジェクションマッピングで一日の空の変化の様子が再現され、通路の中央には水路を巡らせるコンセプトを立てるなどです。

シチュエーションをシャッフルする

　いろいろなシチュエーションを無作為に選び出し、異なるコンテキストを結びつけることでアイデアを出します。この手法は小説やドラマ、映画の企画を立てるときなどに利用できます。たとえば「子供が誘拐されている」「凄腕ハッカーがパソコンを操作している」「いかさま呪術師が祈祷している」といったシチュエーションを結びつけて、「凄腕ハッカーといかさま呪術師が手を組んで、誘拐された子供を探し出して救出するコミカルサスペンス」の映画を企画するなどです。

挑戦的発想法

　挑戦的発想法とは、アイデアを出す対象に対して、誇張したりなくしたり、あるいは存在理由を考えたり応用できないか考えたりすることで浮かんだ複数のアイデアの中から、最も挑戦的なアイデアを選ぶ手法です。たとえば次のような発想ができきます。

部分に注目してみる

　アイデアを出したい対象の一部に注目し、不便な点や特性、機能などを分離したり応用したりしてみます。たとえばフライパンのハンドル（持ち柄）は洗うときや収納時に邪魔であることに注目します。すると、ハンドルは取り外せるようにすれば洗うときや収納時にじゃまにならないだけでなく、大きさの異なるフライパンや鍋のハンドルと兼用できるようになるという発想です。

存在理由を考えてみる

　アイデアを出したい対象の全体や一部に注目し、それがなぜ存在しているのかを考えます。たとえば名刺は連絡先を伝えるために存在しているのだと考えれば、メールアドレスや問い合わせフォームのURLをいちいち名刺を見ながら入力しなくても済むように、スマートフォンで読み取れるQRコードを印刷しておけば良いと発想できます。

応用できないか考えてみる

　アイデアを出したい対象を応用できないか考えます。たと

えばカバンに自らの重さの変化を計測して解析できる機能を付けることで、荷物の入れ忘れや整理、利用者の1日の負荷などを管理できるようになるなどと発想します。

反証的発想法

　反証的発想法とは、一般的に正しいと考えられている仮定を逆に考えることで新たな視点やアイデアを見つけ出す発想法です。

　ここで注意したいのは、反証的発想法では従来の考え方に疑問を投げかけて、それが正しいかどうかを検証するのではないことです。従来の考え方は間違っていると仮定してしまうことで、新しい視点やアイデアを得るのです。

　たとえばある問題を解決しなければならないとき、通常はその問題を解決するために必要な条件を満たそうと考えます。しかし反証的発想法では、あえてその必要条件を無視するか逆にすることでどのようなことが起き得るのかを考えます。その結果、通常の思考では得られない意外性のあるアイデアが浮かんできます。

具体的な例を上げてみます。

　たとえば消費者は自動車を選ぶときには、安全性能や経済性（燃費）を比較している、と考えられてきたとします。この考えを否定して、消費者は自動車を選ぶときに安全性能や経済性（燃費）を考慮しない、と仮定することで、それ以外の差別化（例えば形状やカラー、サイズなど）のアイデアを徹底的に出してみるなどです。

　ビジネスだけではありません。例えば化学の分野でも応用できます。人為的二酸化炭素の排出量増加により地球が温暖化しているという主流といえる仮定を否定し、人為的二酸化炭素の排出は地球を温暖化していないし、むしろ地球はこれから寒冷化する、と仮定することで、地球の気候の変数を二酸化炭素以外（太陽の活動など）に求める研究を進めることができます。

　以上のように、反証的発想法では一般的に正しいと考えられている仮定を否定したり逆に考えたりすることで、より創造的なアイデアを出すことができます。

アイデアを絞り込む

　ラテラル・シンキングでは質の高いアイデアを手に入れるために、まずはアイデアを量産しました。そこで今度は、たくさん出たアイデアを絞り込む方法が必要になります。アイデアを絞り込むには次の方法を組み合わせていきます。

目標に合致しているかどうか

　アイデアを出し終えたら、今一度、それらのアイデアが当初設定した目標や課題に適合しているかどうかを見直します。適合していないアイデアは除外します。

予算とリソースを考慮する

　各アイデアを実行すると仮定した際に、必要な予算や人的リソースを予想します。予算と人的リソースの上で実行不可能なアイデアは除外します。

市場調査を行う

　各アイデアに対して市場のニーズがあるかどうかを調査し

ます。ただし、ここで注意しなければならないのは、アイデア
が革新的であった場合は、現在は市場のニーズが存在していな
くても、ニーズを創造する可能性があることです。したがっ
て、革新的なアイデアについてはこの段階での除外を保留する
ことも検討すべきです。

実現性の評価

　各アイデアを実行・実現する際に必要なスキルや技術があ
るかどうかを確認します。ただ、ここでも注意したいのは、現
在はスキルや技術が不足していても、外部から調達したり内部
で育てることが可能であれば、現段階での除外を保留すること
も検討すべきです。

　以上の評価を組み合わせることで、アイデアを絞り込むこ
とができます。ただ、機械的にアイデアを絞り込むのではな
く、最終的には直感的な判断も有効であると考えて、柔軟に運
用しましょう。

抽象度を上げる

あなたはボールペンを渡されて、「この
ペンで、完成度の高い放物線を描いてく
ださい」と言われました。ボールペンの
他の文具は渡されていません。どうやっ
て描きますか？

答え

ボールペンを前方に投げ上げます。すると、ボールペンは
きれいな放物線を描いて落下します。筆記用具を渡されて「描
いて」と言われたので、紙に描かなければならないと思い込み
ませんでしたか？

第 7 章
視点を変えてみる

他者やモノの視点で考えてみる

　人は自分の発想にパターンを持っています。ラテラル・シンキングにおいては、この自分の発想パターンから自由になることが必要です。

　自分の発想パターンから自由になる方法の一つは、視点を変えてみることです。この方法は創造力が必要になりますが、慣れてくると自然と視点を変えられるようになってきます。

　たとえばある旅行会社が新しい企画を立てようとしています。とはいえ、旅行会社とはこういうものだ、という自分の発想から自由にならなければなかなか新しい発想は浮かばないでしょう。このようなときに、顧客の視点で発想してみるのです。

　たとえば高齢者の視点で発想してみれば、自分の発想パターンにとらわれないアイデアが浮かぶかもしれません。高齢者は体力がありませんので激しいアトラクションやたくさん食べるグルメ巡りなどは好まれないと考えます。そこで歴史的な名所を訪れて博物館を訪れたり伝統芸能を鑑賞したりできる文化ツアーはどうだろうか、と考えます。

　あるいは実際に長距離を移動することに不安を持たれている高齢者向けに、VR技術を使って、これまで行ってみたいと思いながらも体力や健康上の不安から訪れることができなかった場所を仮想空間で体験するツアーもいいかもしれません。

　また、高齢者が同じ趣味を持った人たちと趣味に関するテーマに基づいたツアーを体験できるように、趣味によるマッチングで相性が良かった人たちを集めて旅行ができるマッチングツアーもいいですね。

　このように、新しい商品やサービスを企画・開発する際には、ターゲットとなる顧客の視点で発想すると、自分の発想パターンから自由になれる可能性があります。たとえば小学生の視点、20代の独身女性や独身男性の視点、アスリートの視点などです。

しかも、視点を移す先は人に限る必要はありません。たとえば新しい製品を企画・開発する際に、その製品の視点から発想しても良いのです。新しい腕時計を企画・開発するのであれば、時計の視点で発想してみます。自分が時計なら、持ち主に何を伝えたいか。持ち主にどのような利便性を提供したいか。持ち主にどのように使ってほしいかなどです。

視点を反転させる

ビジネスの現場ではネガティブな状況をポジティブに変換しなければならない場面があります。たとえば「反抗的な人ばかりが集められたチーム」をポジティブに売り込むのであれば、「自己主張が明確で時流に流されて安易に世間に迎合することのないクリエイティブなチーム」などといった表現に変えることもできます。

このように、ネガティブな前提や現状をポジティブに受け止めたり表現したりする発想もラテラル・シンキングの手法です。いわゆる、「物は言いよう」ということです。

以下、ネガティブな表現をポジティブに変換させた例です。

頑固な親父の店　→　妥協を許さず信念を守り続ける職人気質の店

短気なリーダー　→　決断の速いリーダー

無知・無学な新人　→　まだ偏見を持たず、可能性を秘めた新人

おせっかいなコーディネーター　→　細やかな配慮を見せてくれるコーディネーター

非効率的な仕事をしている作業者　→　真心を込めて丁寧な仕事をしている職人

感傷的なプロデューサー　→　感受性が豊かなプロデューサー

臆病な開発者　→　慎重な開発者

周りの状況に無関心なガイド　→　物事に動じない冷静なガイド

自己中心的な芸術家　→　自立心の強い芸術家

貧弱な設備　→　必要最低限で環境に配慮した設備

手を抜いて資料をまとめた　→　効率的に資料をまとめた

自信過剰な弁護士　→　自信に満ちた弁護士

わがままなデザイナー　→　自分のスタイルに忠実な高い志を持つデザイナー

消極的な営業マン　→　謙虚で聞き上手な信頼できる営業マン

軽率な野球監督　→　大胆でチャレンジ精神旺盛な野球監督

古臭い作風の小説家　→　古典的でレトロ感のある作風の小説家

立場を変えてみる

　自分の発想パターンから抜け出すために、立場を変えて発想する方法があります。つまり「自分の立場」「相手の立場」「第三者の立場」で考えるのです。

　まず「自分の立場」です。この段階では自分の知識や経験、価値観に基づいた主観的な発想が生まれます。

　次に「相手の立場」に立ちます。この段階では相手の視点を理解して相手の感情や利害を考慮して共感しながら発想します。

　そして「第三者の立場」で考えます。第三者の立場では客観的に状況を観察します。

　例を考えてみましょう。例えばあなたは美容師だとします。お客様からヘアスタイルを変えてみたいと相談されました。このときに、立場を変えて発想することで、いくつかの提案をすることができます。

　まず、「自分の立場」のもと、自分が好きなヘアスタイルや得意とするヘアスタイルの中で、これまでにお客様から特に喜

ばれたものを提案します。

　次に「相手の立場」から、お客様のこれまでの好みの変遷や髪質、顔の形に似合うヘアスタイルを発想します。

　そして「第三者の立場」では、現在の流行やトレンドは何か、有名人のヘアスタイルで似合うものはないかなどと発想します。

　以上のように立場を変えることで、自分独自のパターンに縛られない発想を行うことができます。

四次元で思考する

　従来のパターンにとらわれない思考方法として四次元で思考する手法があります。これは従来三次元だけで物事を捉えて考えがちであったのに対し、時間軸を加える手法です。

　四次元で物事を捉えることには、次のようなメリットがあります。

背景に考えが及ぶようになる

　三次元的な視点では物事の表面的な状態にとらわれてしま

いますが、時間軸を加えることで、現状に至った背景や経緯、目的などに考えが及ぶようになります。

変化を予想・予測するようになる

　三次元的な視点では物事の現在の状態にとらわれてしまいますが、時間軸を加えることで、これからどのように変化していくのか、未来の予想や予測を行い、物事のトレンドに考えが及ぶようになります。

　四次元で思考するためのコツは、物事の要素や条件について現状に至るまでの経緯を知り、未来の状態を予想しようと試みることです。また、世の中のトレンドについてもアンテナを張っておく必要があります。

　このように説明すると四次元で思考することは何か特別で難しいことのように思えますが、実は私たちは日常的に四次元で物事を考えているものです。

　例えば旅行計画を立てるときには、目的地の歴史や現在の状況を調べますし、交通手段や宿泊先の現状も調べます。同時に、旅行を予定している将来に目的地でどのようなイベントが

行われているか、どのような気候・天候になっているかを予測
して服装や立ち寄るべき場所を決めています。これはまさに四
次元で思考を行っている例です。

　また、就職や転職を検討しているときも、希望企業の現状
だけでなく、これまでの業績の推移や創業時からの理念などを
確認しています。そして現状だけでなく、その企業の将来性や
世の中のトレンドも考慮しています。これも四次元で思考を
行っている例と言えます。

　このように、四次元で思考することは。物事に対する理解
を助け、新しい発見や気づきをもたらしてくれます。

思い込みを自覚する

次の特徴がある製品は何でしょうか？

風を起こすことができます。

埃を集めることができます。

夜道を照らすことができます。

答え

扇風機と掃除機と懐中電灯です。問題では「一つの道具」とは言っていませんでしたが、一つの道具だと思い込んでいませんでしたか？

第 **8** 章

ひらめきは天才だけの
ものではない

記憶力がないと落ち込むことはない

　私は記憶力があまりよくありませんが、同じように記憶力
があまり良くないと悩まれている方がいるかもしれません。し
かし、記憶力とひらめき力は、もしかしたらトレードオフの関
係にあるかもしれないのです。

　脳科学者の茂木健一郎氏は、著書『ひらめき脳』（新潮社）
で脳は心臓のように休むことなく記憶を編集し続けるのだと言
います。その際の「編集力」こそが「ひらめきを生み出す力」
だというのです。しかもこの記憶の編集作業は脳内で無意識に
行われ続けているため、自分の意思でどうこうできません。

　この脳内で密かに進められている記憶の編集作業が時折表

に出てきてしまったときが、夢であったりひらめきであったりします。

　ところで、記憶の編集作業は、記憶の正確さを失わせてしまいます。そのため、いつのまにか内容が変わっていたり、他の記憶と混同されていたりするのです。

　私たちは記憶力が高い人、つまり物事を正確に記憶する能力が高いひとのことを「頭がいい」と思うことがあります。ところが茂木氏によれば、記憶が正確だということは、編集が行われないことだといいます。

　私たちは、正確な記憶の再現力をある程度犠牲にすることで、記憶に新しい意味を見出したりひらめきを得られたりするようになると言います。

　同書では、ロシアのA・R・ルリヤという神経学者が、一度聞いたことは正確に覚えて忘れないことを芸にして生計を立てていた男性を研究したことについて紹介しています。

　この驚異的な記憶力を持つ男性は、誰かといつ会って、そのときに交わした言葉のすべてを正確に覚えているのです。まるでレコーダーのようなその能力を見世物にして暮らしていました。

　ところがルリヤが研究したところ、この男性は普通の人に比べて「優れた何かが付け加わっているのではなく、むしろ普通の人に比べて何かが欠落している」ことがわかりました。

　それこそ記憶の編集作業だったのです。この男性の脳内では記憶の編集作業が行われていなかったがために記憶が正確なままなのでした。このことを茂木氏は「つまり体験から学ぶことはできない」と指摘しています。

　たとえばこの男性は、ある人と何回か会ったとしても、その人の性格や人柄が認識できなかったらしいのです。

　そこで茂木氏は、「正確な記憶を持つということと、新しい意味に気づくということは、もしかしたらトレードオフの関係にあるのかもしれない」と示唆しています。

　実際、有名な天才と呼ばれる人たちには、記憶力が低かった可能性が見られます。たとえばアルベルト・アインシュタインは簡単な数字や記号を記憶することが苦手だったとされています。また、レオナルド・ダ・ヴィンチはたくさんのアイデアや作品をスケッチブックに書き留めていましたが、その多くを忘れてしまっていたと言われます。モーツァルトは文字や数字を覚えることが苦手だったと伝えられていますし、ベートー

ヴェンも自分の作品を暗記できずに演奏会では楽譜が必要で
あったと伝えられています。

　ですから、もしも記憶力が弱いことを気にしている人がい
たら、その分ひらめきを得やすい可能性があることを期待しま
しょう。

ひらめきは快感である

　ある課題に対する解決策をロジカルに考え続けていてもい
いアイデアが浮かばないとき、悶々としたもどかしさや苦しみ
を味わうことがあります。

　それでも諦めずに考えましょう。考え続けていると、どこ
かの段階で考えることを止めたり諦めたりしたとしても、脳は
潜在意識の中で引き続き課題に取り組み続けます。

　そしてどこからかロジカルに考えることをやめて、ラテラ
ルに模索し始めます。やがて全く予想していなかった瞬間に、
そのアイデアは「ひらめく」のです。

　このひらめきの瞬間は、なんとも言えない快感をもたらし
ます。ずっと思い出せずにいたことが突然思い出せたときも同

様な快感があります。

　思えば「ひらめき」というのは学校教育では評価されない
ことでした。テストにも出ませんし、受験でも試されません。

　しかし、社会に出ると、このひらめきがいろいろな問題を
解決してくれる機会があります。ですから、学校の成績が悪
かった人や学歴に引け目を感じている人でも、社会に出たら
「ひらめき」を武器に大いに活躍できるのです。

　既に紹介したように、記憶力とひらめき力はトレードオフ
の関係にあるのだとすれば、学生時代に暗記科目で成績が悪
かった人でも、ひらめき力を発揮して大いに活躍できる可能性
があります。

　しかもひらめきを得た瞬間の喜びは、何ものにも代えがたい
幸福感をもたらしてくれます。『ひらめき脳』によれば、人が
ひらめいた瞬間には、脳にとって快感であるドーパミンを中心
とする報酬系において、神経伝達物質が放出されると言います。

　ですから、私たちはひらめきによって快感と可能性を得る
ことができると言えます。

無駄な知識こそ宝

　昨今は、「ファスト教養」という言葉が提唱されるなど、ビジネスに役立つ知識だけを得ることでコスパやタイパをよくしようとする風潮があります。ビジネスに役立たない知識や教養は「無駄」であるという考えです。

　しかしラテラル・シンキングでは、全く逆の発想をします。「無駄な知識」こそが、発想やひらめきには有益なのだと考えるのです。むしろ「無駄な知識こそ宝」とすら言えます。

　そこで改めて定義をしておきましょう。無駄な知識とは、ビジネスや日常生活に直接役立たない情報やスキルのことです。たとえばビジネスに関係のない専門分野や趣味の分野、遊びの分野に関する知識などが該当します。

　ところがラテラル・シンキングにおいては、これらの知識こそが新しい発想の源となります。

　ラテラル・シンキングでは、問題解決やアイデア創出のために、全く異なる分野の情報を組み合わせたりヒントにしたりすることがあります。たとえば趣味でハマっているゲームの知識がビジネス上の課題を解決するヒントになったり、趣味で美

術館めぐりをしていたときに新しい製品のデザインがひらめいたりするかもしれません。

　ラテラル・シンキングにおいては、無駄だと思われている知識が垂直思考であるロジカル・シンキングの行き詰まり状態を打破し、創造的なプロセスに刺激を与えます。

　また、無駄な知識はアイデアの結びつきやアソシエーション（連想）の形成にも役立ちます。異なる分野で生かされている発想同士を結びつけることで新しいアイデアが生まれることは多々あることです。

　さらに異なる分野の知識は、現在取り組んでいる分野の既存の枠組みや概念に囚われている思考の硬直状態から解放されるきっかけをつくってくれます。

　ラテラル・シンキングに有益な、より多くの無駄な知識を活かすためには、普段からビジネスや実生活には直接役に立たないような物事にも興味を持ったり、それらの知識を得たりすることを楽しめるマインドが必要です。たとえば旅行に行ったり新しい趣味を始めたり、様々な分野の本を読んだりするなどです。

　大量の無駄な知識をすぐにでも役立てたいのであれば、職

種や趣味の異なる人たちを集めてブレーン・ストーミングを行うと良いでしょう。自分ひとりでは全く気づかなかった解決方法や新しいアイデアが大量に出てくるはずです。

このようにラテラル・シンキングでは、現代の世の中のコスパやタイパの風潮とは逆に、「無駄」な知識や情報こそが創造性を促進すると考えるのです。

ひらめきは無からうまれるのではない

「ひらめき」というと、なにやら何もない真っ白な状態から新しいアイデアなどが生まれてくるようなイメージがありますが、どうやらそのような仕組みではないようです。

このことを茂木氏は『ひらめき脳』の中で、「ひらめきは自然発生しない」と述べています。ひらめきが生まれるメカニズムは、「ど忘れ」のメカニズムと似ているようで、記憶の喚起における前頭葉と側頭葉の関係性が大事だといいます。

同書によれば、ひらめきが生まれるためには側頭葉にそのためのマテリアルが用意されていなければなりません。つまり、学習による記憶のアーカイブがある程度蓄積されていない

と、ひらめきが起きないのです。

　たとえばモーツアルトの独創的な楽曲は、幼い頃からの英才教育で大量に聴かされてきた音楽の記憶のアーカイブが豊富だったからこそ生まれたのだと同書では例を挙げています。

　既に、記憶は編集されることを紹介しましたが、この編集する力こそがひらめきの原動力なのだと茂木氏はいいます。

　ですから前節でラテラル・シンキングには無駄な知識が役立つと述べたように、私たちがより多くのひらめきを得るためには、貪欲に知識を増やしていくことが必要だと言えそうです。

考え続けることでひらめきを得られる

　知識を増やして待っていても、そう都合良くひらめきは訪れません。ひらめきが訪れるためにはもう一つ重要な条件があります。

　ひらめきは思いがけないときに訪れることがよくあります。私たちの日常だけでなく、歴史に名を残した大発見にも偶然のひらめきが関与しています。

　アレクサンダー・フレミングは実験中にカビが細菌の繁殖

を阻害しているのを見てペニシリンを発見しました。

　アイザック・ニュートンが木の枝からりんごが落ちるのを見て万有引力の法則を発見したことは有名ですね。これは後世の創作話だとされてきましたが、ニュートン自身がステュークリーという学者に話したことらしく実話の可能性が出てきました。

　アルベルト・アインシュタインは特許庁で働いていた時代に、電車に乗っているときに突然特殊相対性理論をひらめいたと言われています。

　ジェームズ・ワトソンとフランシス・クリックはロンドン大学キングス・カレッジで働いていたロザリンド・フランクリンが撮影したX線回折写真を見せてもらったことがきっかけで、DNAの二重螺旋構造を発見しました。

　アルキメデスは風呂に入ったときに物体が水に浮く原理をひらめいて「ユーレカ！」と叫びながら裸で街を走ったと言われています。

　思いがけずひらめいたり発見されたりした法則や発明はまだまだありますが、これらには共通点があると考えられています。それは、この天才たちが常にその問題を考え続けていたらしいことです。

　経済学者の野口悠紀雄氏は『AI時代の「超」発想法』の中で、ニュートンがなぜ偶然に万有引力の法則を発見することができたのかという問いに対して、「いつもそのことを考えていたから」と答えたことを紹介しています。そのことから野口氏は、いつも引力のことを考えていたニュートンなら、おそらく他のものが棚から落ちるのを見ても万有引力の法則を発見できたであろうと述べています。

　また同書では、ルイ・パスツールが「チャンスは心構えのある者を好む」と語ったエピソードも紹介しています。

　同様の現象として、長いスランプの後にひらめきが訪れることもあります。茂木氏は『ひらめき脳』の中で、「困っている時、スランプの時、アイデアを欲している状態こそが、ひらめきを生む土壌なんかもしれません」と記しています。スランプもまた、考え続けている状態だと言えるでしょう。

ひらめきやすいとき

　それでは、どのようなときにひらめきが起きやすいのでしょうか。

ひらめきやすいときを表す言葉としてよく引用されるのは、「三上（さんじょう）」です。三上とは「馬上・枕上・厠上（しじょう）」を意味し、良い考えが浮かびやすい場所が、馬の背に揺られている時（馬上）、寝床に入っている時（枕上）、そしてトイレに入っているとき（厠上）だというのです。

　三上は中国の政治家・学者である欧陽修（おうようしゅう、1007〜1072年）が友人の謝希深（しゃきしん）に語ったと伝えられています。

　つまりは、リラックスしているときが、アイデアが浮かびやすいときだという話ですね。

　そこで今一度、ひらめきが訪れやすい状態についてまとめておきましょう。

リラックスした状態

　三上でも示されていた通り、ひらめきはリラックスした状態のときに訪れやすいと言われています。ストレスを感じていたり緊張していたりするときは、視野が狭まり思考範囲も眼の前の事象にとらわれがちです。しかしリラックスした状態になると、視野が広まり思考も開放され、思わぬアイデアが浮かび

やすくなります。

ルーチンから解放された状態

　日頃訪れない場所を訪れたり、日頃やらないことをやり始めたりして、日常のルーチンから外れた瞬間に脳が新たな情報に触れて視点も変わるため、それまで浮かばなかったアイデアが浮かぶことがあります。

問題に取り組んでいる時

　問題や課題に取り組み続けていると、突然視界が開けたようにひらめきが訪れることがあります。これは前節の「考え続けることでひらめきを得られる」の内容と同じ意味です。

　この状態はある意味脳を追い詰めた状態だとも言えるので、リラックスしているときにひらめきやすい、という現象と矛盾するようですが、実は似ているのです。つまり、とことん考え続けていてあるときふっとリラックスした瞬間が訪れたときに、ひらめくのだと思います。脳の不思議と言えます。

寝床に入った時

　これはまさに三上の「枕上」のことです。これもリラックスした状態の一つと言えますが、人は寝床に入って様々なストレスや緊張から解放された瞬間に、ひらめきを得ることが多くあります。

　しかし寝る前のひらめきは朝起きると忘れていることが多いので、枕元にはメモ帳を置いておき、ひらめきを書き留めておくことをお勧めします。

全く関係ない情報に接している状態

　ひらめきは異なる情報の結びつきや、関係のない情報に刺激されて生まれることもあります。たとえば新しい洋菓子の企画で悩んでいた人が、和食処で食事をしているときにひらめいたり、新しいボードゲームの企画を考えていた人が歴史ものの映画を観ているときにひらめいたりするなどです。

　特に色々な分野やテーマの本を読むことは、知識を増やすだけでなく、思わぬ情報の結びつきによるひらめきをもたらすのではないでしょうか。

ひらめきまでの段階

　結局のところ、ひらめきを得るためには共通の段階が踏まれているのだ、ということに気づいた人たちがいました。それがドイツの科学者であるヘルマン・フォン・ヘルムホルツ（1821〜1894年）とフランスの数学者で理論物理学者、科学哲学者であるアンリ・ポアンカレ（1854〜1912年）です。

　野口悠紀雄氏は『AI時代の「超」発想法』で、ひらめきに至る段階をこの二人の学者の名前を取って「ポアンカレ＝ヘルムホルツの発見モデル」と名付けて紹介しています。同書に書かれている過程を引用しつつまとめると次のとおりです。

没頭期または準備期

　ひらめきを得るための努力が行われる期間です。本を読んだりするなどしてひたすら考え続ける期間です。

潜伏期またはふ卵期

　この過程は没頭期または準備期の意識的な活動が無意識での活動を起動させて始まる期間です。寝ているときや仕事をし

ているとき、散歩したり食事をしたりしているときなど、潜在意識において様々な組み合わせが行われ、意味があるものだけが選ばれています。

啓示期

　潜在意識で進行した選択がなにかのきっかけで意識に浮上するときです。きっかけとは、たとえばニュートンのりんご、アルキメデスの風呂です。

証明期

　そしてポアンカレは啓示期の後に証明期が続くと主張しています。啓示期で得られたひらめきを検証して仕上げるための期間です。たとえば文章にまとめたりします。

未来を予言する

　3人の人がいる。そのうちの1人が他の2人にじゃんけんをさせたらどちらが勝つかを予言したと言います。そして既に、予言した結果を書いたメモは目の前の書棚にある本に挟んであると言います。そこで実際にじゃんけんをさせて勝敗の結果が出たので、予言のメモを書いたという人が書棚から一冊の本を取り出して挟んであったメモを取り出しました。メモを見てみると、確かにじゃんけんで勝った人の名前が書かれていました。この人には超能力があるのでしょうか？

答え

　どちらが勝ってもいいように、予め2人のそれぞれの名前を書いたメモを別々の本に挟んでおいただけです。そして、勝った方の名前が書いてあるメモが挟んである本を取り出して、挟んでおいたメモを見せたのでした。

第 9 章

脳を縛るワナ

答えは一つだという思い込みから脱する

　ラテラル・シンキングにおいては答えが一つとは限りません。問題の解決方法も、新しい商品企画も、新しいビジネスモデルも、その商品の販売方法も、何もかもにおいて、答えは一つとは限らないのです。

　ところが私たちは、正解は一つだと思いこんでいます。だからある問題に対して、そのたった一つの正解が思いつかないと、あっという間に思考停止に陥り、「考える」必要があるのに「悩む」ことや「落ち込む」ことに脳を使い始めてしまうのです。

　正解は一つであるという思い込みを捨てられないのも無理がありません。私たちは小学校から中学、高校、そして大学受験の勉強において、一つの問題に対して唯一の正解を出す訓練をしてきたのですから。

　ところが日常生活やビジネスにおいては、誰かが決めておいてくれた唯一の正解があるとは限りません。ですから、答えはいくつもあり得るのだ、と脳をリラックスさせて考えるのです。

　もしもベストの答えが得られないのであれば、ベターな答えを組み合わせればいいでしょう。

　大手代理店の広告マンとして活躍して南カルフォルニア大学で講師を務めたことがあるジャック・フォスター氏は著書『アイデアのヒント』（CCCメディアハウス）で、人は答えが一つではないことに気づいた途端にアイデアが溢れ出すことを示すエピソードを綴っています。

　それは彼が大学の授業での出来事でした。とても示唆に富んだエピソードですので、かいつまんで紹介しましょう。

　フォスター氏は学生たちにクイズを出しました。

　「13の半分は？」

　学生たちは戸惑いながらも「6と2分の1」や「6.5」だと

答えます。数学的には正解です。ところがフォスター氏は「そうだ、他には？」と問い続けます。

　——他にも答えがあるのか？

　おそらく学生たちは思ったでしょう。しかしフォスター氏は「もっと考えて」と言います。

　するとある学生が「1と3」と答えました。そうです。学生たちは、「13」を2桁の数字であると思い込み、「半分は？」と問われて数学的な割り算しかありえないと思い込んでいたのです。

　ところがある学生が「13」を「1」と「3」が並べられた文字列だと解釈した途端に、学生たちは答えが一つではないと気づきました。すると、それが突破口となり、次々と答えが出てきます。

　「4。13（thirteen）は8文字だから」

　「ThirとTeen」

　そしてある学生は黒板に「THIRTEEN」と書いて文字の下半分を消しました。すると別の学生が今度は上半分を消しました。

　どんどん答えが出てきます。

　「8。ローマ数字では13はXIIIと書きます。その上半分は

8（VIII）だから」

「11と2。ローマ数字のXIIIはXIとIIになるから」

「11と01。二進法では13は１１０１となる。だからその半分は11と01」

　フォスター氏の著書のなかではまだまだ答えが続きます。もし、興味がありましたら、『アイデアのヒント』を読んでみてください。

　いかがでしょうか。答えは一つではない、と気づくことができれば、答えはいくらでも出てくるのです。

専門性の溝に落ちないようにする

　現代は、分野によりますが専門性を持っていることが高く評価される場面が多くあります。そのため、多くの人が専門的な教育を受けたり資格を取得したりするなどして専門性に磨きをかけています。

　確かに専門性を持っていることは素晴らしいことだと思います。就職や転職にも有利に働く可能性がありますし、専門的な職種で活躍することもできます。

ところが専門性を極めると、専門性の溝に陥ってしまうことがあるので注意が必要です。専門性の溝とは、専門分野に特化しすぎるあまり、他の分野や視点にアクセスできなくなってしまう状態に陥っている状態を示します。

　特にラテラル・シンキングが求められる状況になったときに、異なる分野の視点から物事を捉えることや、異なる分野の情報を結びつけて新しいアイデアを生み出すことが難しくなってしまいます。

　デイビッド・エプスタイン氏は著書『RANGE（レンジ）知識の「幅」が最強の武器になる』（日経BP）の中で、「また、多くの研究が示唆しているのは、テクノロジーの開発において、さまざまな分野で経験を積んだ人のほうが、一つの分野を深めたひとよりも、クリエイティブで影響力の大きい発明ができることだった」と述べており、そして「誰もが自分の溝を深く掘り続けることに専念しており、もしかしたら、隣の溝に自分が抱えている問題の答えがあるかもしれないのに、立ち上がって隣を見ようとはしない、ということだ」と専門分野を深めることの注意点を指摘しています。

　専門性の溝にハマると、問題解決能力が制限され、創造性

が制約される可能性が高まります。

　したがって、専門分野を極めることは素晴らしいことではありますが、ラテラル・シンキングを必要とする状況に直面したときは、虚心坦懐に他分野の情報や視点を取り入れる柔軟さを意識したいところです。

　そのためには異なる分野の情報や視点にアクセスする意欲を持つようにしましょう。自分の専門分野に固執しないオープンマインドを持つことが必要です。そのためには、普段から異なる分野の本を読んだりニュースに触れたりすることが有効です。あるいは異なる分野の人たちとの交流も有意義です。

　そして何か問題を解決するためのアイデアを出さなければならないときに、あえて異なる分野の人を交えたブレーン・ストーミングを行うことで、専門分野の人の集まりだけでは思いもよらなかったアイデアを出すことができるでしょう。

ラテラル・シンキングの落とし穴となるヒューリスティック

　人にはヒューリスティックと呼ばれる優れた判断能力があ

ります。ヒューリスティックは情報や時間が不足している状況下でも問題を迅速に解決したり判断を瞬時で下したりするための能力です。つまり経験や常識に基づいて、素早く判断するための「思考の近道」で、「発見的手法」とも呼ばれます。

　ところが、この便利な能力が、ラテラル・シンキングにおいては思考の枠組みを狭めてしまうという副作用があるのです。

　それではヒューリスティックの種類を確認しながら、ラテラル・シンキングに及ぼす副作用について見ていきましょう。

アンカリングヒューリスティック

　アンカリングヒューリスティックとは、最初に得た情報に基づいて判断する能力です。たとえば目の前にある宝飾品の値段を見て高いか安いかを瞬時で判断するために、店に入って最初に見た宝飾品の値段を参考にして判断するような能力です。

　アンカリングヒューリスティックは少ない情報から物事を瞬時で判断するための優れた能力ですが、既存の情報に引きずられることで、自由な発想が阻害されてしまうことがあります。

代表性ヒューリスティック

　あるカテゴリの情報から代表的な情報を基準にして全体も同じだと判断する能力です。たとえばあるビジネスモデルについて、たまたま成功した少数の成功者の例を基準にして、自分も成功できると判断してしまうなどです。

　たまたまうまく行った体験に引きずられることで、自由な発想が阻害されてしまうことがあります。

利用可能性ヒューリスティック

　利用しやすい記憶や連想から物事を判断してしまう能力です。たとえば同じような商品からどれか一つを選ぶ際に、じっくりとスペックや値段を比較して判断する手間を省くために、テレビCMで頻繁に目にしていた商品を選んでしまいます。

　思い出しやすい情報に引きずられることで、自由な発想が阻害されてしまうことがあります。

感情性ヒューリスティック

　本人は合理的な判断を下したつもりでも、実は好き嫌いで判断していたり、快・不快で判断したりしてしまう能力です。

感情的な価値観に引きずられることで、自由な発想が阻害されてしまうことがあります。

再認ヒューリスティック

過去の成功体験や知名度の高さを根拠に判断してしまう能力です。たとえば人材採用で同じような能力や人間性を備えていると思われる候補者の中から一人を選ばなければならないときに、有名大学を卒業している人を選んでしまうなどです。

知名度などに引きずられることで、自由な発想が阻害されてしまうことがあります。

以上のように、通常は迅速な判断を可能にするヒューリスティックが、ラテラル・シンキングにおいては阻害要因になってしまう可能性があります。ですからラテラル・シンキングを実践するさいには、自分がヒューリスティックの影響を受けていないか、ヒューリスティックに関する知識を持つことで、自己診断する習慣を持つ必要があります。

過去の成功例に縛られない

　ラテラル・シンキングの実践で注意すべきなのは、過去の
実績に囚われないことです。確かに過去の成功例は今の自分に
自信や安心感を与えてくれます。しかし同時に、過去の成功例
は思考の幅や柔軟性を制限してしまう可能性があるのです。

　そのためラテラル・シンキングを実践する際には、過去の
成功例に縛られないように注意しなければなりません。

　それでは、過去の成功例に縛られないためには、どのよう
な心がけが必要でしょうか。

　まず、ラテラル・シンキングを実践する際には過去の成功
例をいったん忘れるように意識します。

　確かに過去の成功例は参考になるはずですが、ラテラル・
シンキングを実践しようとしているということは、その段階で
過去の成功例が参考にならなかったからではないでしょうか。

　そのことを今一度思い出すことで、ここはいったん、やは
り過去の成功例を忘れるようにしましょう。

　とはいっても、そう簡単に過去の成功例を忘れることはで
きないかもしれません。その場合は、敢えて過去の成功例を否

定してみるのです。そのためには、なぜ、過去に成功したのか、理由やそのときの条件を明らかにしてみます。

その結果、それらの理由や条件が現在の問題を解決するために有効でないことが明確になれば、もはや過去の成功例に頼ることは無意味であることを納得できます。このときもし、理由や条件が現在にも通じることがわかったら、そのときは改めて過去の成功例を参考にすればよいでしょう。

もし、以上の２つの方法でも過去の成功例に囚われてしまうのであれば、そのときは敢えて過去の成功例を踏み台にします。

たとえば新しい商品やサービスを販売しようとしたのだが、過去の成功例の通りに実践した販売方法では売れなかったのであれば、「過去に成功したターゲット意外のターゲットを狙う」、「過去に成功した販売方法意外のチャネルで販売する」、「過去に成功したプロモーション意外の方法でプロモーションする」といったように、過去の成功例を少しずらしてみるのです。

以上のように、過去の成功例に縛られない発想を行うには、過去の成功例を「忘れる」「否定する」「ずらす」といった手法が有効です。

前提を疑うことの難しさ

　ラテラル・シンキングを実践するに当たって難しい課題の一つに、自分自身が信じている前提や他人が信じている前提を疑うことがあります。

　ここでは前提を疑うことがなぜ難しいのか、そして前提を疑うことがなぜ必要なのか考えてみましょう。

　ここでいう前提とは、私たちが各人で信じ込んでいる仮定です。その前提は、私たちの価値観や経験、文化、教育、宗教などに根ざしているため、これを疑うことは簡単ではありません。

　場合によっては、自分自身のアイデンティティや価値観への挑戦ともなります。実際、私たちは人類としても多くの前提を信じてきました。

　例を挙げてみましょう。

　古代から中世までは、地球は平らであるという前提で世界観がつくられていました。16世紀にニコラウス・コペルニクスやガリレオ・ガリレイらが地動説を唱えるまでは、ほとんどの人は地球が中心である天動説を前提に思考していました。

　また、19世紀にチャールズ・ダーウィンが提唱した進化論

の影響で、最近まで人類はサルから進化したと考えられていました。しかし近年では遺伝学や化石の調査により、人類とサルは共通の祖先から分岐して進化したことがわかっています。

　最近でも（もしかしたら今でも）人の脳は10％ほどしか使われておらず、残りの90％は未使用であるという説が人口に膾炙（かいしゃ）していますが、現代の脳機能に関する研究では、脳は全体が常に活動していることがわかってきています。

　他にも人の舌は部位によって感じる味覚が異なると信じられていますが、実際には舌に分布している味蕾と呼ばれる味覚受容器はどの部位にあっても甘味、酸味、塩味、苦味、うま味を感じることがわかっています。

　いかがでしょうか。もしかすると、「え、そうだったの？」と驚かれる前提があったかもしれません。

　また、私たちが自分の信じている前提から脱することは、コンフォートゾーンを抜け出すことでもあります。人は自分が信じている前提で思考したり行動したりしている間は安心感を得られますが、コンフォートゾーンから抜け出すことは、不安定や不確実性を伴うためストレスを引き起こす可能性もあるのです。

　さらに、前提が社会的な常識となっている場合は、これを疑うことで社会的な圧力を受ける可能性があります。周りの人たちと異なる考えを持つことで、社会的な評価や承認を得られなくなる不安があるため、多くの人はたとえ疑いをもつ機会があったとしても、疑うことを止めてしまいます。

　このように、人は自らが信じてきた前提を簡単に疑うことができません。

　しかしラテラル・シンキングにより新しい思考や発想を得るためには、これらの前提が思考や発想を制約しようとする圧力から自由になる必要があります。そのため、自らの前提を疑う必要があるのです。

　前提を疑うことの難しさを述べてきましたが、前提を疑うことで得られるメリットも知っておくべきでしょう。

　まず、前提を疑うことで従来のアプローチから自由になり、新しいアイデアや視点を見つけられるようになります。その結果、長年未解決だった問題を解決する方法を見つけ出す可能性が高まります。

　また、前提を疑う能力を持つことは、自らの偏見から逃れる能力を身につけることでもありますので、異なるバックグラ

ウンドを持つ多様な人たちに敬意を払うことができるようになり、コミュニケーション能力を高めることにも役立ちます。

成功の背後には失敗の山がある

　ラテラル・シンキングは創造的な問題解決策や革新的なアイデアを発想するためにとても有効な思考法です。しかし多くの場合、これらの創造的な問題解決策や革新的なアイデアの背後には、たくさんのボツ案があることを知っておきましょう。

　ラテラル・シンキングでは最初から大正解を得られるとは限りません。いくつものアイデアを出して、その中から最も良いアイデアを選ぶつもりで発想をし続けなければなりません。

　したがって、ラテラル・シンキングで成功するためには、失敗から学ぶ姿勢を持つことが大切です。ラテラル・シンキングにおいては、失敗はネガティブな出来事ではなく、新しいアプローチやアイデアを試すプロセスの一部なのです。そのプロセスを経て、成功を勝ち取ることができます。

　もはや有名すぎるエピソードですが、発明家のトーマス・エジソンが電球を発明するために「1万回も失敗したのですよ

ね？」と新聞記者から質問されたときに、「私は失敗したこと
はない。1万通りのうまくいかない方法がわかっただけだ」と
答えたと言われています。

　ラテラル・シンキングを実践する場合は、このエジソンの
ように、たくさんのボツ案が出ても失敗を繰り返しても、それ
は成功への踏み台だと捉えるべきです。

　また、ラテラル・シンキングは伝統的な思考パターンを打
破して新しい視点を見つけるための思考法です。伝統的な思考
パターンを打破する際にはリスクが伴います。つまり、新しい
アイデアやアプローチにはリスクが伴うのです。前例がないの
ですから、成功するという保証はありません。

　しかしリスクを取らなければ、新しい発見や革新は生まれ
ないことが多いのだということを知っておきましょう。

　さらに失敗は問題や課題に対する多角的な視点を提供しま
す。エジソンの言葉の通り、失敗することで、物事を別のアン
グルから捉えて洞察する機会が生まれます。失敗するプロセス
は、より創造的な解決策を見つけるための踏み台になる可能性
があるのです。

　以上のように、ラテラル・シンキングの実践においては、

たくさんのボツ案が出ることや失敗することを恐れないことです。むしろそれらを新たなアプローチに気づかせてくれる成功へのプロセスだとポジティブに捉えるようにしましょう。

なぜ、考えることを止めてしまうのか

考えることは人間の特権です。しかし、私たちは、問題や課題を前にして、しばし考えることを止めてしまうことがあります。その途端に、新しいアイデアや革新的な発想が生まれなくなってしまうのです。頭に蓋がされたような状態です。

それでは私たちは、どのようなときに考えることを止めてしまうのでしょうか。

ロジカル・シンキングで行き詰まった時

ある問題や課題に対して、論理的に考え続けた結果、もはやこれ以上考えられないという行き詰まった状態になることがあります。いわゆる八方塞がりの状態です。

このようなときに、さらに考えようと懸命になるほど視野が狭くなり、打開策が浮かばなくなってしまいます。

でも、絶望してはいけません。ここからがラテラル・シンキングの出番なのですから。

思考停止に至ったら、いったんロジカル・シンキングを止めてしまいましょう。諦めましょう。しかし脳は、潜在意識の中で課題を引き継いでいるのです。

情報過多

現代は、情報を集めようと思えばいくらでも集められます。そのため、情報を集めだすと際限なく情報が集まってきます。しかし人の情報処理能力には限界があります。この限界を超えたときに、思考停止となってしまうのです。

ストレス

現代はストレスの多い時代です。特に職業によっては、相当なストレスを抱えることになります。問題や課題が増えすぎたり、期限まで余裕のある時間を与えられていなかったりするでしょう。人間関係や家庭の事情によるストレスも多いかもしれません。

人はストレスを抱え込みすぎると、視野が狭くなり、物事

をじっくりと深く考える余裕を失ってしまいます。その結果、
考えることを止めてしまうのです。

忙しすぎる

　私たちにはやらなければならないことや、やりたいことが
たくさんあります。特に責任ある立場になれば、処理しなけれ
ばならない案件や雑用が増えてきて、限られた時間の中で一つ
の仕事に集中することが難しくなってきます。
　その結果、どの仕事においても気持ちが浮足立ってしまい、
深く考えることができなくなってしまいます。

怠惰

　これは人によって程度の差が激しいとも思われますが、往々
にして人は楽な方に流れやすくできています。そのため解決が
困難と思われる問題や課題に直面すると、「当面は現状維持で
いいだろう」と楽な方に流れてしまい、考えることを止めてし
まいます。

不確実性への恐れ

　解決しなければ現状を打破できない問題や課題に直面した時、それらを直視すること自体が不快であったり恐れを抱いたりしてしまった場合に、人はそれらの問題や課題から目をそらしてしまうことがあります。

　考えないで済むのであればそのまま放置して先送りしたくなります。このようなときにも、考えることを止めてしまいます。

生成AIへの依存

　ChatGPTをはじめとする生成AIは、様々な問題の解決方法を提案してくれます。そのため、安易にAIを頼りすぎて、自分の頭で考えなくなってきます。

　もちろん、AIは大変に便利なツールですから積極的に活用して仕事を合理化したり日常生活のヒントを得たりすることは良いことです。

　しかし、生成AIが提案した結論を採用するかどうかは、やはり人が決めなければなりません。ここで思考停止しないようにしたいものです。

以上のように、考えることを止めた途端に新しいアイデア
や革新的な発想が生まれなくなってしまいます。これらの思考
停止を防ぐためには次の対策が考えられます。

メディテーション（瞑想）

　気持ちが浮足立っているときや、情報が多すぎて混乱して
いるときは、いったん何もしない時間を作ります。それはわず
か数分でも構いません。その間は何も考えないようにします。

　といっても、脳は休まない器官ですから、問題や課題を潜
在意識で処理し続けます。その結果、忘れた頃にひらめきが訪
れる可能性があります。

　あるいは、メディテーションによって冷静さを取り戻した
ときには、冷静になって先程まで主観的になり視野狭窄に陥っ
ていた思考が、客観的に広い視点から再考できる状態になって
いるかもしれません。

情報の取捨選択

　情報を集め過ぎたら、それらをすべて活かそうとはせずに、
思い切って情報の取捨選択を行います。本当に必要だと思える

情報以外は思い切って排除することで、情報活用の負担を軽減します。

　また、情報の取捨選択を行っているうちに、頭の中も整理されるでしょう。

見聞を広める

　見聞を広めるとは、新たな情報をさらに追加して脳の負担を大きくすることではありません。むしろ現在抱えている問題や課題とは無関係な情報に触れたり体験をしたりすることで、硬直した脳に刺激を与えて凝りをほぐす感覚です。

「そもそもなぜ〜なのか」と自問する

　解決すべき問題や課題を抱えた時、よい解決策やアイデアが浮かばない場合は「そもそもなぜ〜なのか」と自問する癖をつけましょう。すると、解決しようとしている前提条件が間違っていることや、問題や課題自体に意味がなかったり論点がズレていたことに気づいたりします。

　「あ、今思考停止しているな」と気づいたら、以上の方法を試してみてください。

ローカル線に集客せよ

　自動車社会になり、すっかり地元の人たちが使わなくなったローカル線は日本中で経営難に陥っています。そこで関東の某地域にあるローカル線に、低予算でお客さんを呼び込みたいとします。既に鉄道会社の宣伝担当者は、俳優やアイドルなどの有名人を１日車掌にすることで集客する方法を考えていたのですが予算がありません。何か方法はないでしょうか？

答え

　映画や新曲の宣伝をしたい俳優やアイドルを呼び、各駅や列車内に映画や新曲の宣伝用ポスターを貼り、一日車掌となった俳優やアイドルは列車内のアナウンスで映画や新曲の宣伝を自由に放送できるようにします。鉄道会社のホームページやSNSでも一日車掌の告知と映画や新曲の宣伝を行います。このことで、宣伝広告費と俳優・アイドルのギャラをバーター取引して費用を浮かせることができそうです。

第 10 章

ラテラル・シンキングを支えるクリティカル・シンキング

クリティカル・シンキングとは何か？

「思考法を使い分ける」の章で、クリティカル・シンキングがラテラル・シンキングを助ける思考法であることに言及しました。本章では、ラテラル・シンキングとクリティカル・シンキングの関係についてより深掘りしてみましょう。

クリティカル・シンキング（Critical Thinking）は批判的思考と訳され、現代社会においてはとても重要な思考法であると考えられています。自分自身の思考や判断を客観的に分析し、論理的に評価するスキルです。そのために情報を熟考して分析し、客観的に評価します。

クリティカル・シンキングを身につけることで、問題の本

質を見抜き、効果的な解決策を導くことができます。

　クリティカル・シンキングには以下の要素が含まれます。

問題解決力

　クリティカル・シンキングを身につけることで、問題解決力を高めることができます。問題や課題に対して原因や背後の要因を分析し、解決の目的となる目標に至るための制約の中でいくつもの解決策を提案します。

論理的思考

　クリティカル・シンキングでは感情や偏見に左右されずに、データと証拠を根拠にして意思決定を行います。また、その意思決定について、一貫性や妥当性があるか自ら検証します。

情報の評価

　クリティカル・シンキングでは、思考や主張を支えている根拠やデータの信頼性を評価します。たとえばフェイクニュースやバイアスがかかっている情報から真実を見分けるスキルが必要です。

批判性

　自分や他者の思考や主張に対して疑問を持ち、異なる視点や論点で反論を考慮します。

創造性

　自分や他者の思考や主張に対して新しいアイデアや視点を加えるスキルです。また、異なる情報や視点を組み合わせて新しいアイデアを創出します。

　また、クリティカル・シンキングは個人や組織に次のようなメリットをもたらします。

効果的な問題解決方法

　クリティカル・シンキングのスキルがあれば、複雑な問題に対処して効果的な解決策を見つけ出すことができます。

意思決定の質の向上

　クリティカル・シンキングには論理的思考のスキルと情報評価のスキルが含まれているため、より賢明な意思決定を行う

ことができます。同時に誤った判断などによる問題を減少させ
ます。

情報の信頼性向上

　クリティカル・シンキングには情報の矛盾や偏りを評価す
るスキルが含まれるので、誤った情報による判断ミスのリスク
を低減させます。

　このようにメリットの多いクリティカル・シンキングのス
キルを向上させるためには次のような習慣をつけることが有効
です。

読書と情報収集の習慣

　日頃からさまざまな分野やテーマの読書をしたり、ネット
上の解説記事や批評記事などを読んだりする習慣をつけること
で、情報に対する評価力を高めることができます。

問いかける習慣

　常に疑問を持ち問いかける習慣をつけます。なぜそのよう

なことが起きたのか、なぜそのように考えられているのか、なぜそのように行動したのかなど、常に問いかけることで物事の本質に近づきます。

ディベートや議論に参加する習慣

　ディベートや議論に参加することで、自分の主張とは異なる意見に触れる機会を増やし、自分の主張の確かさを確認したり、より強固な論理的支えを考案できるようになります。

問題解決の習慣

　身の回りや組織の問題、社会の問題などに対して、自分なりの解決方法を考える習慣を身につけることで、論理的思考力と問題解決力を高めることができます。

　クリティカル・シンキングにより、情報過多な社会でも必要な情報を選び出して処理し、適切な判断を下す能力を向上させることができます。このことがラテラル・シンキングにも役立つのです。

クリティカル・シンキングの基本的なスキル

クリティカル・シンキングには次のような基本的スキルがあります。これらのスキルは、あらゆる場面で役立つでしょう。

問題を定義するスキル

クリティカル・シンキングは問題を明確にして、解決すべき課題や目標を明確にするスキルです。

問題を明確にするためには、定義化しなければなりません。問題の定義化とは、問題の背景や原因、影響の範囲、利害関係などを明らかにすることです。この定義化を行うと、解決すべき課題や目標が明確になります。

情報を収集するスキル

クリティカル・シンキングは問題を解決するために必要な情報を効率的に集めるスキルです。

情報はただ集めれば良いわけではありません。その情報に偏りがないか、欠落はないかなどを評価しながら集めます。情

報を集めることができれば、問題に関する知識が増えて理解が深まり、次の「仮説の立案スキル」を高めることができます。

仮説の立案スキル

　クリティカル・シンキングは問題を解決するために考えられる可能性や解決策を仮定するスキルです。

　仮説を立てるためには、十分な情報収集の他に、論理的な推論や創造的な発想、既存の知識や経験が生かされます。仮説を立てることで問題に対して考えられるアプローチを検討し、解決策の候補を打ち出すことができます。

仮説を検証するスキル

　クリティカル・シンキングは打ち立てた仮説が正しいかどうかを検証するスキルです。

　仮説を検証するには、実験や観察、分析、比較、論証、反証などを行います。これらの検証を行うことで仮説の妥当性や有用性を確かめ、間違いや欠陥があれば修正します。

結論を導き出すスキル

クリティカル・シンキングは仮説を検証した結果から、最適な解決策や結論を導き出すスキルです。

最適な解決策や結論を導き出すためには、仮説の検証結果を整理して評価し、妥当性や有用性、利点や欠点などを評価します。そのようにして導き出された解決策や結論が、ようやく実施すべき施策となります。

ラテラル・シンキングとクリティカル・シンキングの違いと関係

ここまでクリティカル・シンキングの基本的な考え方について見てきましたが、クリティカル・シンキングとラテラル・シンキングは全く異なる思考法でありながら、補完し合える思考法です。つまり、相性がよいのです。

クリティカル・シンキングは情報の評価と論理的な分析に威力を発揮しますし、ラテラル・シンキングは創造性と新しいアイデアの生成に威力を発揮します。

そこでそれぞれの思考法の違いと補完関係について説明し

ます。

　まず、ラテラル・シンキングとクリティカル・シンキング
の違いは以下のようになります。

	クリティカル・シンキング	ラテラル・シンキング
アプローチ	論理的で分析的なアプローチにより、問題を詳細に分解して論理的に分析することに焦点を当てる。	非線形で創造的なアプローチにより、問題解決において通常の枠組みに囚われない新しいアイデアや視点を追求する。
目的	情報の評価と論理的な意思決定を目指すため、証拠に基づいた合理的な判断を重視する。	新しいアイデアの発見と問題の創造的な解決を目指すため、異なる視点からのアプローチが奨励される。
思考プロセス	問題の解剖と評価、論理的な推論に焦点を当て、証拠とデータの精査を行う。	アイデアの連鎖や異なるアプローチの思考を特徴とするため、アイデアに多様性がある。
思考の重点	思考の精度を高めることに重点を置く。	発想の幅を広げることに重点を置く。
前提への姿勢	前提条件が正しいかどうかを疑うことで、既存の解決策やアイデアの妥当性を判断する。	前提条件そのものを見直すことで、新しい解決策やアイデアを生み出す。
重要なスキル	論理的思考、証拠の評価、データ分析、推論能力が求められる。	独創性、柔軟性、アイデアの生成能力が求められる。
問題の性質	情報の信頼性を確認し、問題の理解と合理的な意思決定に適している。	複雑で創造的な問題やイノベーションに適している。
思考スタイル	垂直的思考と呼ばれ、物事の因果関係や論理性を追求する。	水平的思考と呼ばれ、物事の新しい組み合わせや関連性を探る。

以上のように、ラテラル・シンキングとクリティカル・シンキングは相反する特徴を持っているように思えますが、このことは逆に捉えれば、お互いに補完し合える関係にあるといえます。

　したがって、次のように補完し合いながら活用することで、より創造的で堅実な思考を行うことができます。

問題に対する理解

　クリティカル・シンキングで問題を分析し、その要因や背後の情報を評価します。そのうえでラテラル・シンキングにより新しい視点を獲得して問題の異なる側面を考察します。

解決策やアイデアの洗練

　ラテラル・シンキングによって創出されたアイデアを、クリティカル・シンキングで詳細に検証し、実行可能性や効果を評価することで、解決策やアイデアが洗練されます。

　以上のように、ラテラル・シンキングとクリティカル・シンキングを補完し合うことで、創造性と論理性のバランスをと

り、解決策やアイデアにより説得力を与えることができます。

クリティカル・シンキングが ラテラル・シンキングを豊かにする

　前節で説明した通り、クリティカル・シンキングはラテラル・シンキングと一見相性の悪い思考法に思えますが、実はお互いを補い合うことができます。

　クリティカル・シンキングはラテラル・シンキングの前提となる知識や情報に対して信頼性や妥当性を確認します。そのことで、ラテラル・シンキングで得られた発想やアイデアの実用性が高まるといえます。

　また、ラテラル・シンキングは自由であるがゆえに、時として非現実的な発想やアイデアに走ってしまうことがありますが、そのようなときでもクリティカル・シンキングによってより現実的な発想やアイデアに絞り込むことができます。また、クリティカル・シンキングはラテラル・シンキングで出された発想やアイデアをブラッシュアップする際にも有効です。

　このように、クリティカル・シンキングはラテラル・シン

キングの結果として出された発想やアイデアを評価して、必要であれば改善する方法を示します。

　たとえば現状を打破するための革新的な企画を必要とするする際には、現状の問題点を、その表層的な面だけでなく、クリティカル・シンキングの手法によりそもそもの根本的な問題点にまで追求した上で、ラテラル・シンキングの思考法を活用すれば、より根本的な問題の解決を可能とする自由で斬新なアイデアが出てくるでしょう。

　それらを企画書にまとめたあと、再びクリティカル・シンキングの手法で評価することで、企画の背景は押さえられているか、論理的な批判にも耐えうる根拠を備えているか、期待できる効果の裏付けは取れているかなどを精査して、必要であれば改善します。

　これらの作業が行われることで、批判的な意見に耐えうる信頼性の高い説得力のある企画を立てることができます。

　このように、クリティカル・シンキングはラテラル・シンキングで創出した発想やアイデアに、信頼性と説得力を与える役割を担えるのです。

　したがって、ラテラル・シンキングを学ぶ人は、ぜひとも

クリティカル・シンキングも学んでほしいと考えます。

クリティカル・シンキングとラテラル・シンキングのバランスをとる

　結局、クリティカル・シンキングとラテラル・シンキングを補完させ合うためには、両者のバランスを取ることが大切です。

　このふたつの思考法のバランスをとることは、問題解決や意思決定、プロジェクトの成功などに大きく寄与します。

　たとえばバランスが崩れて、クリティカル・シンキングに偏ると創造性が制約されて新しいアイデアが生まれにくくなります。一方、ラテラル・シンキングに偏ると、論理的な根拠や効果的な実行計画が疎かになってしまいます。

　そこで両者のバランスを取る方法を紹介します。

　一つの方法は、最初からクリティカル・シンキングとラテラル・シンキングを両立させようと考えるのではなく、問題の性質に応じてどちらかを使い分けてしまう方法です。

　たとえば複雑なデータ分析が必要であればクリティカル・シンキングで考察し、創造的なアイデアが必要な問題ではラテ

ラル・シンキングで発想します。

　もう一つの方法は、クリティカル・シンキングの担当者とラテラル・シンキングの担当者というように役割を分担して一つのチームを構成することです。それぞれの役割を担った人たちは混乱することなく、議論を闘わせることができるでしょう。

　また、クリティカル・シンキングでラテラル・シンキングをサンドイッチにする順序で考察する方法もあります。まず、問題や課題をクリティカル・シンキングで分析します。クリティカル・シンキングの思考法を取り入れることで、問題や課題の背後にある本来の問題や根本にある前提の誤りなどを見つけ出すのです。

　その上で、次にはラテラル・シンキングの自由な発想で、いくつものアイデアを出してみます。この段階では、可能な限り思考を拡散させます。

　そして最後に、たくさん出されたアイデアをクリティカル・シンキングで評価して、実現可能なアイデアに絞り込むことで現実的なアイデアに収束させます。

　このように、クリティカル・シンキングとラテラル・シンキングのバランスをとることで、より革新的でありながら、現

実的で効果的なアイデアを獲得することができます。

ラテラル・シンキングとクリティカル・シンキングを併用した成功事例

　それでは実際にラテラル・シンキングとクリティカル・シンキングを併用することで生まれた商品やサービスの事例はあるのでしょうか。

　企業側から「これはラテラル・シンキングとクリティカル・シンキングを利用して企画した製品です」とは発表されていませんが、結果的に両方の思考法が利用されたように評価できる商品には以下のものがあります。

製品名	ラテラル・シンキング面	クリティカル・シンキング面
iPhone	タッチスクリーン技術を使った直感的なユーザーインターフェイス、ブラウザによるインターネットへのアクセス、アプリケーションを追加できる、カメラや音楽プレーヤー機能搭載など従来の携帯電話とは異なるアプローチを取った	ユーザーのニーズ開拓、ブランディング、品質管理、セキュリティなどにおける実現可能性の検証

Teslaの 電気自動車	電気駆動技術、自動運転機能、大画面のタッチパネルディスプレイなど、革新的な要素を組み込むなど従来のガソリン車とは異なる視点からアプローチ。 ガソリンやディーゼルではなく、電気で走る自動車で環境に優しいという革新的なビジョンで訴求	バッテリー技術の改善、充電インフラの整備、安全性の向上、法規制への適合などについて詳細に検討
Uber	ライドシェアサービスのコンセプトを導入し、従来のタクシー業界とは異なるビジネスモデルを提供。スマートフォンアプリでドライバーと乗客をつなぐ革新的なアイデア	法的問題、安全性、料金設定、利用規約の整備など、ビジネスの持続可能性と合法性を獲得
GoPro	ユーザーがアクティブなアウトドアアクティビティを記録し共有できるという新しいコンセプトを提供してアクションカメラ市場を創造	耐久性、防水性、画質などの技術的な側面から製品の信頼性を獲得
SpaceXの 再利用可能な ロケット	ロケットの再利用のアイデアで宇宙旅行のコストを大幅に削減する革新的なアプローチ	安全性、テクノロジーの信頼性、宇宙規制への適合
Amazon Echo	音声認識とAIアシスタントの組み合わせで、スマートホーム制御や情報取得の新しい方法を提供	プライバシー保護、データセキュリティ、機能の拡張などについて製品の信頼性を獲得

Airbnb	宿泊体験の共有経済モデルを導入してユーザーに新しい旅行体験を提供	ホストの信頼性、利用者の安全性、法的規制への対応などでプラットフォームの安全性を確保
ポスト・イット	粘着力が弱くなったことを失敗ととらえずに、「はがれやすさ」でアプローチした付箋という新しいジャンルを確立	付箋の需要や市場性、製造方法やコストなどを分析し、最適な解決策を選択
ネスプレッソ	コーヒー豆ではなくカプセルにコーヒーを詰めて、専用のマシンで抽出するという画期的な方式を提供	コーヒー愛好家のニーズや嗜好を調査し、高品質で多様なフレーバーのコーヒーを提供するという付加価値の創出
ドローン	小型で無人の飛行体でさまざまな用途に応用するという創造的なアイデア	技術や安全性、法規制や倫理問題などを分析し、最適な利用方法や管理方法を提案
ユニクロのヒートテック	吸湿発熱という仕組みを利用できる新しい素材で暖かくて薄くて快適なインナーウェアという革新的な製品	インナーウェアの需要や市場性、製造方法やコストなどを分析し、最適な解決策を選択

物は考えよう

「物は言いよう」と言います。言葉選びは思考に大きな影響を与えますので、ネガティブな言葉はできるだけポジティブな言葉に言い換えたいものです。そこで以下のネガティブ（後ろ向き）な言葉をポジティブ（前向き）な言葉に言い換えてみてください。

「失敗、難しい、無理、退屈、怒り、後悔、不満、孤独、無知」

答え

　失敗 → 学び：失敗は学びへの一歩です。失敗することが自分の成長や学びにつながります。

　難しい → やりがいのある：難しいことは、やりがいのあることです。やりがいのあることに取り組むことで、自分の能力や可能性を広げることができます。

　無理 → 挑戦：無理なことは、挑戦する価値のあることです。挑戦することで、自分の限界を超えたり、驚きや感動を味わっ

たりすることができます。

　退屈 → 思索：退屈なときは思索する機会です。思索することで自分の興味や関心を広げたり、考えを深めたりすることができます。

　怒り → 熱意：怒りは熱意の表れです。熱意を持つことで、自分の信念や価値観を明確にしたり、行動力や影響力を高めたりすることができます。

　後悔 → 反省：後悔は反省の材料です。反省することで、自分の過ちや課題に向き合ったり、改善や成長につなげたりすることができます。

　不満 → 改善：不満は改善のネタです。不満を感じることは、改善の余地があることを示しています。

　孤独 → 自立：孤独は自立の機会です。孤独になることで、自分の内面や本質に向き合ったり、自分の力で生きていく強さや自信を育てたりすることができます。

　無知 → 好奇心：無知なことに出会うことで好奇心を持つ機会が得られます。無知であることを認めることで、自分の知らないことに興味や関心を持ったり、学ぶ意欲や探究心を高めたりすることができます。

第**11**章
ラテラル・シンキングの糸口になるアナロジカル・シンキング

アナロジーとは何か

　クリティカル・シンキングがラテラル・シンキングと補完し合える思考法であることについて述べましたが、もう一つ、アナロジカル・シンキングという思考法とラテラル・シンキングの関係についても解説します。

　そこでアナロジカル・シンキングについて説明する前に、まずアナロジーとは何かについて確認しておきましょう。

　アナロジーは類推や類比と訳される認知プロセスです。私たちはアナロジーを日常的に活用しています。何か新しい情報や概念を理解しようとするときに、「たとえば○○のようなものだな」などと、既知の情報や概念との類似性を見つけようと

します。

　つまり、アナロジーとは、異なる事物の間に類似性を見つけ出すことで、新しい事物や問題、あるいは状況に対処しやすくするための認知プロセスだといえます。

　そしてアナロジーはいくつかのタイプに分類できます。

　まず、「類推アナロジー」は最も日常的に活用している単純なタイプで、異なる2つの事物の類似性の助けを借りて新しい事物を理解する認知プロセスです。たとえば「目の水晶体は、カメラのレンズのようにピントを合わせる機能を持っています」などのよう理解を助けます。

　次に「メタファー」は、いわゆる比喩によって物事を理解する助けとなります。たとえば「光陰矢の如し」という慣用句は、月日の流れの速さを矢の速さに喩えることで、実感をもたらしています。

　そして「モデルアナロジー」は、アナロジーの中でも高度な認知プロセスで、事物の構造や原理の類似性から新しい事物を理解しようとします。たとえば原子の構造を理解するために、原子核の周りを電子が回る様子を太陽と惑星の構造になぞらえて理解したり、インターネット上のデータがパケット送信

される仕組みを神経の信号伝達になぞらえて理解したりするなどです。

　さらに「比較アナロジー」は、2つの事物や概念の相違点を強調することで理解を深めようとする認知プロセスです。たとえば、有機農業を理解するために伝統的な農業との相違点である農薬や化学肥料の使い方の違いに注目します。あるいは地球への理解を深めるために火星や金星など他の惑星との違いに注目するなどです。

　アナロジーの重要性は学習や問題解決、クリエイティブな思考、コミュニケーションなどで発揮されます。

　学習では、新しい知識を理解する際に、既知の知識との間に類似性を見出して関連付けることで、その理解を容易にしたり深めたりします。また、記憶する際にも、既知の知識との類似性に関連付けることで、より記憶しやすくして忘れにくくします。

　問題解決においては、新しい問題に直面した際に、過去の成功体験の中から類似の問題を選び出して類似点を見つけ出すことで、解決策を導き出す助けとします。

　クリエイティブな思考をする際にも、異なる領域のアイデ

アやコンセプトを結びつけることで、新しい発見や創造を生み出す助けとなります。

　そしてコミュニケーションの場では、相手にとって新しい情報を伝える際に、相手にとって既知の情報との類似点を提示することで、より伝わりやすくします。

　このようにアナロジーとは、私たちの日常生活や学習、ビジネスなどあらゆる場面で理解や創造、伝達などを助ける認知プロセスだといえます。

アナロジカル・シンキング（アナロジー思考）とはなにか

　アナロジーについて理解していただけたと思いますので、アナロジカル・シンキングについて見ていきましょう。

　アナロジカル・シンキングとは、戦略的な意思決定や問題解決、創造を行う際に、アナロジーを用いる思考法です。この思考法では異なる領域や概念の類似性を見つけ出して新しいアイデアや解決策を生み出します。

　アナロジカル・シンキングには次のメリットがあります。

- 異なる分野の知識や経験を活かして新しいアイデアを生み出すことができる
- 新しい概念や複雑な現象を既知の情報や経験で理解できるようになる
- その分野の常識にとらわれないイノベーションを生み出せる

アナロジカル・シンキングを実施するステップは次のとおりです。

①解決すべき問題や課題を明確にし、それらの問題や課題に類似の性質や構造、コンセプトを持った成功例やアイデアを別の領域（分野や業界など）に探します。

②類似の成功例やアイデアを見つけ出したら、その性質や構造、コンセプトのどこが類似しているのか、また、どこが異なっているのかを分析します。特に表層的な類似性より構造的（本質的）な類似性に着目します。

③見つけ出した類似性を基に、問題や課題の解決策や、新しいアイデアを考え出します。

④考え出した解決策やアイデアの有効性を評価して、必要であ

れば調整します。

このようにして、アナロジカル・シンキングで解決策やア
イデアを考えることの意義は何でしょうか。大きく次の4つが
あると考えられます。

- **創造性を促進すること**：異なる領域に類似性を求めること
  で、その分野の中だけで考えていたのでは考え出せなかった
  かもしれない解決策やアイデアを考え出せるようになれます。
- **知識を統合すること**：異なる領域に類似性を求めることで、
  異なる分野に知識や経験を統合することができます。
- **問題解決を効率化できること**：ゼロベースから発想するので
  はなく、類似の成功例やアイデアを足がかりにすることで、
  効率よく発想できます。
- **柔軟性を持てること**：対象領域の外に類似性を求めるので、
  対象領域内の制約を超えた発想を持ち込めます。

アナロジカル・シンキングは日常生活の中でも新しい事物
を理解しようとしているときや伝えようとしているときなど、

無意識のうちに活用されていますが、ビジネスやデザイン、教育の場などでは戦略的に活用されています。

　たとえばデザインの分野では、異なる分野や伝統工芸、あるいは自然などに類似性を求めて新しいアイデアを生み出しています。ビジネスでは異業種で成功しているビジネスモデルを自社ビジネスに適用して新しい商品やサービスを生み出します。教育では異なる教科の授業方法や異なる学校の教育体制を取り入れるなどして生徒の理解を促進します。

アナロジカル・シンキングとラテラル・シンキングとの関係

　アナロジカル・シンキングとラテラル・シンキングは異なる思考法ですが、共に創造的な思考法ですので、その特徴を活かすことで補完し合える関係にあります。

　それぞれの特徴を確認しておきましょう。

特徴点	アナロジカル・シンキング	ラテラル・シンキング
既存の知識との関係	既存の知識や経験に基づいて、類似性や関連性を見出すことで思考を展開する	既存の知識や経験に囚われずに、異質性や非連続性を探求することで思考を展開する
論理性かどうか	論理的で系統的な思考法で最適解を求める	直感的で非線形な思考法で多様な答えを求める
視点の持ち方	異なる領域の類似性を見つけ出すために問題の本質を明らかにすることで解決策を導き出す	問題の定義や視点を変えることで解決策を導き出す

　アナロジカル・シンキングとラテラル・シンキングは異なるアプローチを持ちながらも補完し合うことができます。その補完関係を確認しておきましょう。

補完の成果	アナロジカル・シンキング	ラテラル・シンキング
問題解決における統合 両思考法を組み合わせて新しいアプローチを見つけつつ論理的に問題に対処できる	既知の情報を活用して問題を解決する	既存の枠組みを壊して新しいアイデアを生み出す
創造性の向上 創造的なアイデアを出した後でそれを論理的に検証して実行可能な解決策にブラッシュアップする	論理的な思考を強化する	創造性を刺激する
発見の幅を拡張 既知の事象と未知の事象の両方から発見が促される	既知の事象や問題から知見を得る	未知の事象や問題から新たな発見を促す

以上のように、アナロジカル・シンキングをラテラル・シンキングは異なる思考プロセスでありながら、問題解決や創造において補完的な役割を担うことができます。両者をバランスよく活用することで、問題解決力と創造性の向上を目指すことができます。

アナロジカル・シンキングを日常生活で試してみる

　アナロジカル・シンキングをいきなりビジネスで活用しようとすると少々難しいかもしれません。そこでまずは日常生活の中に取り入れて感覚を掴むことも有効だと思えますので、どのような場面でアナロジカル・シンキングを利用できるのか見てみましょう。

　まず、アナロジカル・シンキングが無意識に使われているのが料理です。

　ある料理のレシピや調理方法が、別の料理に応用できることはよくあります。実際、料理の得意な人や料理のプロたちは、無意識のうちにアナロジカル・シンキングを活用してメ

ニューを考案しています。

　たとえば寿司の調理方法や素材の組み合わせをピザに応用すれば、新しいピザを創作できるかもしれません。

　次に、旅行先で触れた異文化を理解するためにアナロジカル・シンキングを活用してみると、より深く旅行を楽しめるかもしれません。旅先で触れた異文化や風習、習慣を理解する際に、自分の持っている生活習慣や文化と似ているところがないか探してみます。すると、今まで気にしていなかった自分の生活習慣を再発見したり、旅先の異文化や風習、習慣をより理解できたりするようになるかもしれません。

　趣味やスポーツでもアナロジカル・シンキングを活用することで、さらに楽しめるようになります。たとえばゴルフのスイングを野球のバッティングに応用できるかもしれません。

　ときには趣味が仕事に役立つこともあるでしょう。趣味で撮影していた写真データの整理方法が、仕事で使用しているプレゼン資料の整理方法に活かせたなどです。あるいは趣味で作製していたプラモデルの構造が、ちょうど悩んでいた製品開発のヒントになるなどです。

　読書や映画が思わぬときにアナロジカル・シンキングのきっ

かけになることもあるかもしれません。偶然読んでいた小説や観た映画の登場人物が困難を乗り越えた方法が、後日自分の人生における問題解決のヒントにできたなどです。

もし、資格取得などで勉強をしている場合は、なかなか覚えられない内容が、既に知っている知識に似ていることに気がついて、一気に忘れられなくなることもあるでしょう。

まだまだありますが、このようにアナロジカル・シンキングを日常生活で活用しているうちに身につけることで、ビジネスにおいても新しいアイデアや問題解決が必要になったときに応用しやすくなっていきます。

アナロジカル・シンキングの メリットとデメリット

ここまで述べてきましたように、アナロジカル・シンキングは問題解決や創造的なアイデアを発想する際にとても有用な思考法ですが、その活用には注意すべき点もあります。

そこでここでは、アナロジカル・シンキングのメリットとデメリットについてまとめておきましょう。

アナロジカル・シンキングのメリット

● **創造性を高められる**：アナロジカル・シンキングは過去の経験や知識、異なる領域の知識や成功例から類似性のあるものを見つけ出して参考にすることで、新しいアイデアや解決策を生み出すことができます。ときには自然界の仕組みや生物の特徴に類似性を見出して革新的なアイデアや解決策を生み出すこともできます。

● **複雑な問題を理解しやすくする**：アナロジカル・シンキングでは複雑で難解な問題も類似性の高い身近な事例や現象に置き換えて構造を把握することで理解しやすくします。たとえばクラウドサービスのサブスクリプションといったビジネスモデルを新聞の定期購読などで説明できます。

● **問題解決の効率化**：アナロジカル・シンキングでは、解決すべき問題が生じた場合、既に解決された類似性の高い問題の成功事例を適用することで、迅速に解決策を講じることができます。

● **クリエイティブな思考の促進**：アナロジカル・シンキングでは、異なる領域から類似性の高いアイデアを参照することで、対象分野の枠を超えた革新的なアプローチを見つけ出す

ことができます。

- **リスク軽減**：アナロジカル・シンキングでは、全く新しい問
  題に対しても、既に成功した実績のあるアイデアや解決策を
  参考に解決策を講じることで、失敗するリスクを軽減できる
  可能性があります。

アナロジカル・シンキングのデメリット

- **誤った類似性を適用してしまう可能性**：アナロジカル・シン
  キングでは、適切な類似性を見つけられない場合に、アナロ
  ジカル・シンキングで解決することにこだわってしまうと
  誤った類似性を強引に適用して判断を誤る可能性がありま
  す。また、表面的な類似性に惑わされて構造的かつ本質的な
  類似性を見誤ってしまうリスクがあります。

- **過度な単純化**：アナロジカル・シンキングでは複雑な問題や
  状況を理解しやすくするために類似性の高い事象に喩えるこ
  とで理解しようとしますが、理解のしやすさを優先しすぎて
  重要な情報や背景を軽視してしまったり無視してしまったり
  するリスクがあります。たとえば人の思考や行動をコン
  ピュータにたとえて理解しようとして、感情や倫理観を省い

てしまうなどです。

- **創造性の制約**：アナロジカル・シンキングでは過去の成功事例や異なった領域の成功事例を参考にしますが、このときに、過度に参考先の事例を模倣しようとして却って創造性に制約をかけてしまうリスクがあります。

　以上のように、アナロジカル・シンキングはとても有効な思考法ですが、この思考法に固執してしまうと、却って創造性に制約をかけたり適していない類似性を参考にして判断を誤ったりするリスクもあります。

　アナロジカル・シンキングを活用する際には、比較対象の選択や評価を客観的かつ慎重に行う必要があります。

アナロジカル・シンキングの
罠と回避策

　前節で述べましたようにアナロジカル・シンキングにはデメリットがあります。このデメリットはアナロジカル・シンキングに過度に依存した際に陥る罠であるともいえます。

そこで、改めて、アナロジカル・シンキングの罠とその回避策について説明します。

アナロジカル・シンキングの罠

● **表面的な類似性の罠**：一見、よく似ていると思われる２つの事例が、実は表面的な類似性だけで、構造的な（本質的な）類似性がない場合があります。たとえばレンタルモデルとシェアリングエコノミーモデルは、どちらも商品を貸し出すことで収益を得ている点が似ていますが、構造は異なります。レンタルモデルは自社が所有する商品を貸し出しますが、シェアリングエコノミーモデルは自社が所有していない商品を仲介しているのです。

● **過度な一般化の罠**：アナロジカル・シンキングでは既知の事例や現象から一般的なモデルを抽出して現在の問題に適用させようとしますが、この一般化を過度に行うことで重要な差異を見逃してしまう可能性があります。たとえばある企業の成功事例を自社の問題解決に適用させようとしても、その成功事例の背後に、その企業独自の条件が重要な成功要因となっていたことを見落とすと、問題の解決は失敗する可能性

が高まります。

- アナロジーの制約の罠：アナロジカル・シンキングでは新しい事例や現象に発生している問題を解決するために、既知の事例や現象で理解して解決策を講じようとします。しかし既知の事例や現象の成功パターンに囚われてしまい、却って発想の幅が狭められてしまう可能性があります。たとえばある新しい商品の販促方法を考える際に、既存の類似商品で成功した販促方法を適用しても、新しい商品のターゲットが全く新しい購買層であった場合には成果が出ない可能性があります。

アナロジカル・シンキングの罠の回避策

- 構造的な（本質的な）類似性を見極める：類似性を見つけたと思ったときに、表面的な類似性だけでなく構造的（本質的）な類似性の有無も確認します。

- アナロジーを多角的に確認する：ある事例に類似性を見出した時、一面だけを見るのではなく多角的に分析します。たとえば紙の書籍と電子書籍は読書をするという面では類似性が高いですが、商品の入手方法（店頭で受け取るかデジタルデータをダウンロードするか）や注文から納品までの時間

（発送されて翌日以降に届くかその場でダウンロードできる
か）、使い勝手（紙のページをめくるか画面をタップしたり
スワイプしたりして切り替えるか）など多角的に見ると類似
性が少ない場合もあります。

● **複数の事例で類似性を確認する**：アナロジカル・シンキング
では通常、一つの事例に類似性を求めますが、複数の事例に
類似性を求めることで、既存の枠組みや概念にとらわれるこ
とを避けることができます。例えば電子書籍の販売方法を検
討する場合に、従来の書籍の販売方法だけでなく、音楽や映
画の配信ビジネスやオンラインゲームなどのビジネスでも類
似性がないか確認するなどです。

　アナロジカル・シンキングは創造性や発想力を高めるため
に有効な思考法ですが、以上のような罠に陥らないように注意
が必要です。そのために、既存の枠組みに囚われず多角的な分
析を心がけ、複数の事例を比較することを心がけましょう。

アナロジカル・シンキングの
スキルを向上させる習慣

　それではアナロジカル・シンキングのスキルを向上させるためには日頃からどのようなことを心がければよいでしょうか。

　類似性を発見するためには、日頃から多様な幅広い分野の情報に接しておくことが有効です。そのためには本や雑誌、ウェブサイトの記事、論文、各種動画コンテンツなど、あらゆるメディアを情報源として活用しましょう。

　もちろん、自分の専門分野のチェックは特に欠かせませんが、現在問題としている分野からできるだけ離れた分野に類似性を見つけられたほうが、より革新的なアイデアが生まれる可能性が高まります。したがって、自分の専門以外の分野も、可能な限り興味を持ってチェックするようにしましょう。

　また、仕事でも趣味でも、機会があれば新しいジャンルに挑戦することも有意義です。興味の範囲が広がることで、アナロジカル・シンキングのスキルは高まります。

　また、日頃から、一つの問題に対して複数の切り口を持つことで新しい視点を発見する習慣を持ちましょう。視点を変え

ることで物事の本質が見えることがあります。また、視点を変えることができると、思い込みから逃れることができるようになります。

　たとえばある商品やサービスについても、売る側ではなくて顧客側ならどのように評価するか、自分と異なる属性（年齢、性別、地域など）の人たちにとっては便利だろうか、といった視点で見る習慣を持てれば、自分の思い込みや偏見とは異なる評価が見えてきます。その結果、自分の視点だけでは気づかなかった本質に気づくことがあります。

　以上のように、多様な情報にアクセスして知識の幅を広げ、物事を見る視点や評価する切り口を複数持てるように心がけることで、類似性を見つけられる範囲が広がりアナロジカル・シンキングのスキルを発揮しやすくなります。

ラテラル・シンキングとアナロジカル・シンキングのシナジー

　アナロジカル・シンキングについて紹介してきましたが、ラテラル・シンキングとの組み合わせは今後注目度が高まると

考えています。この2つの思考法を併用することで、ロジカルには打破できなかった問題を、革新的なアイデアで乗り越えていける可能性があるためです。

　そこでラテラル・シンキングとアナロジカル・シンキングのシナジー効果について考えてみましょう。

　復習になりますが、ラテラル・シンキングは伝統的で垂直的な思考を離れて、既存の概念やパターンを飛び越えた柔軟な思考法です。

　一方、アナロジカル・シンキングは現在直面している問題や状況に対して異なる領域に類似性を求め、その類似性を適用することで創造的な問題解決方法を見出したり新たなアイデアを創造したりする思考法です。

　これら2つの思考法を組み合わせることでシナジー効果が生まれることを期待できます。ラテラル・シンキングによって新しい視点を発見し、アナロジカル・シンキングによって異なる領域からのアイデアを適用することができる可能性があるためです。

　具体的には次のステップで併用できると考えられます。

ラテラル・シンキングとアナロジカル・シンキング併用の ステップ

　まず、ラテラル・シンキングのフェーズとして、問題を徹底的に分析して慣習的なアプローチを排除します。

　次に問題を異なる視点から捉え直して関連する要素を特定します。

　そして無関係に見える情報やアイデアを取り込みます。

　ここでアナロジカル・シンキングのフェーズに入ります。

　ラテラル・シンキングのフェーズで得た異なる視点やアイデアに、他の領域における成功事例の類似性を適用できないか考察します。

　そこで見出した類似性をラテラル・シンキングのフェーズで特定した要素や視点、アイデアに適用して新たなアイデアを派生させます。

　そして、適用させた類似性を持つ成功事例の経験や知識から問題解決策を導き出します。

　以上のステップは、必要に応じて逆転させたり繰り返したりします。

　このようにラテラル・シンキングとアナロジカル・シンキ

ングを併用することのメリットは次のとおりです。

ラテラル・シンキングとアナロジカル・シンキング併用の メリット

　まず、新しい視点や異なる領域の経験・知識を活用するという水平思考により、垂直思考であるロジカル・シンキングで行き詰まっていた状況を打破できます。

　次に、ラテラル・シンキングによる抽象化や俯瞰とアナロジカル・シンキングによる異なる領域からの類似性適用により、複雑な問題を理解しやすくします。

　そして伝統的な考えや思い込み、偏見などから逃れることで、解決策を効率的に見つけ出すことができます。

　ラテラル・シンキングとアナロジカル・シンキングのシナジー効果を得ることは、決して簡単ではありません。それは、ラテラル・シンキングもアナロジカル・シンキングも、多くの人のこれまでの思考法、すなわちロジカル・シンキングから簡単には切り替えられないためです。

　ラテラル・シンキングもアナロジカル・シンキングも、共

にある程度のトレーニングを積まなければ自在に活用すること
は難しいでしょう。

　しかし、一度これらの思考法を活用することができるよう
になれば、今までは全く思いつきもしなかった革新的な解決策
やアイデアを手に入れることが期待できます。

ちょっとブレイク

その情報だけで判断できる？

　直径 10 センチほどのポールを立てるために地面に掘られた深さ 50 センチほどの穴に、うっかりカエルが飛び込んでしまいました。しかし数秒後には、そのカエルは何事もなかったかのように出てきて去っていきました。どうしてカエルは出てこられたのでしょうか。

答え

　穴いっぱいに雨水が貯まっていたからです。「深さ 50 センチ」なので、カエルも 50 センチの深さまで落ちたと思い込んでいませんでしたか？　穴が水で満たされていれば、カエルは水面に浮いただけで、すぐに出てこられたのです。

第 12 章
ラテラル・シンキングの
ビジネス実例

　最後に、結果的にラテラル・シンキングが活かされたのではないかと筆者が勝手に思っているビジネス例を挙げておきます。

　各当事者に確認したわけではありませんのであくまで結果論ですが、「なるほど、ラテラル・シンキングを活かすとはこういうことか」と理解を助ける参考になると考えます。

商品・サービス・ 社名など	ラテラル・シンキング的要素
ポスト・イット	3M社の研究者が接着剤を開発したところ、粘着力が弱すぎて成功しなかったのですが、ラテラル・シンキング的発想で剥がしやすい付箋の開発に繋げました。
iPhone	タッチスクリーンやアプリストアとの連携など、既存の携帯電話の市場にはなかった新しいニーズを掘り起こす新しい価値観をラテラル・シンキング的に生み出しました。
Netflix、 Amazon Prime など	テレビでドラマを見たり映画館に映画を観に行ったり、あるいはDVDをレンタル・購入したりする映像コンテンツの従来の流通方法に対し、ラテラル・シンキング的な発想で、オンライン配信でサブディスクリプション方式の課金システムを導入するという新しい市場を創出しました。
Uber	専業のドライバーが運転するタクシーを拾うという従来の方式に対して、一般の個人が移動することに便乗して移動できる仕組みをプラットフォームで提供するというラテラル・シンキング的な発想の転換が見られます。
Airbnb	従来のホテルや旅館ではなく、宿泊できる施設を持つオーナーと旅行者をマッチングさせるプラットフォームを提供し、休眠資源が活用される機会を掘り起こし、新しい市場やコミュニティを形成したことがラテラル・シンキング的です。
Amazon	本のオンライン販売から始まりましたが、その後対象商品のカテゴリを増やすだけでなく、クラウドコンピューティングや人工知能という新しい分野のさきがけになるなどラテラル・シンキング的な展開を行っています。

Google	検索エンジンでトップ企業になったあとも、YouTubeなどのコンテンツプラットフォームや各種アプリの開発・提供、AndroidやChrome OSなどのOSの提供など、ラテラル・シンキング的な展開を見せています。
X（旧Twitter）	投稿文字数を敢えて140文字に制限し、ハッシュタグやリツイートなどの機能を盛り込むことで新しいコミュニケーション文化を創出したことがラテラル・シンキング的です。
Kindle	紙の本のオンライン販売から始まりながら、電子書籍のリーダーとコンテンツを提供し、しかもユーザーが読者であるだけでなく、自らも電子書籍を出版して手軽に電子書籍市場に参入できるプラットフォームを設置するなど、ラテラル・シンキング的な展開が進められています。
Instagram	写真を手軽に投稿・加工・共有でき、フォローやいいねなどでコミュニケーションも楽しめるプラットフォームを提供することで、それまで個人のローカルデバイスに保存されていた写真をクラウド上で世界中の人たちと共有できる楽しみ方を一気に拡張したラテラル・シンキング的なサービスです。

あとがき

　本書をお読みいただきありがとうございます。

　現代のような先行き不安な世の中において ── などと書きはじめると、いやいや、これまでだって人類は先の読めない時代を生き抜いてきたのだ、とツッコミを入れられそうです。

　しかし、少なくとも社会全体が経済的に成長し続けている時代には、もちろん将来のことは予測困難だとしても楽天的でいられましたし、既存の仕組みの延長線上で仕事を続けていれば失敗はしませんでした。新しいことに挑戦すると言っても、既に成功しているアイデアの二番煎じや三番煎じでも十分に利益を享受できたのです。

　しかし近年は、安定した市場から安定した利益を得ていた老舗企業が、突然登場したデジタルディスラプターと呼ばれる新興企業に市場を奪われたり、市場の構造そのものを変えられてしまったりして窮地に追い込まれる事態が発生しています。

　また、長く続いたデフレの時代をなんとか生き残ってきたビジネスに対してとどめを刺すかのようにコロナ禍が襲いかかりました。そのため外食産業をはじめとする多くの産業が、新

しいサービスを取り入れたりビジネスモデルの変革を余儀なく
されたりしました。

　それでも人々は知恵を絞り、多くの犠牲を出しつつも新た
な活路を見出して難局を乗り越えようとしています。

　そして一息ついた頃、ChatGPTをはじめとする生成AIと呼
ばれるテクノロジーが新たな波紋を起こしました。2023年は
生成AIが大きな関心を集めた年となりました。

　特に2022年11月末にプロトタイプが公開されたChatGPT
は、ローンチからわずか2ヶ月でアクティブユーザーを1億人
獲得したと推計されるほど急速に普及しました。（※）

　この驚異的な普及の速さと、その性能の高さは、さまざま
な仕事を人間から取り上げるに違いないと大いなる脅威として
も受け止められました。

　特にこれまで自動化が難しいとされてきたホワイトカラー
の仕事や知的産業とされたコンサルティング業務など、あるい
は最後まで機械には置き換えられることはないだろうと楽観視
されてきたクリエイターたちの業務すら脅かすようになったの
です。

　そのため生成AIの発展と普及は、人間にしかできない仕事、

人間だからこそできる仕事とは何かを再考させるきっかけとなりました。そこで既存の知識や経験、そして従来の思考法では行き詰まってしまう状況が生まれ始めたのです。

　ラテラル・シンキングは、このように既存の概念や対処法が通用しにくい時代にこそ威力を発揮する思考法です。

　しかし、本書をお読み頂いてご理解いただけたと思いますが、ラテラル・シンキングは決して容易に身につけられる思考法ではありません。

　私自身、今でも考え事をするときは、まずは無意識にロジカル・シンキングを行ってしまいます。やはり、論理的に考えるほうが考え始めやすいのです。

　もちろん、ロジカル・シンキングを実践できることはとても重要です。物事はロジカルであればこそ、系統立てて無理のない考えを行うことができますし、何より他者に対しても自分に対しても説得力があり納得しやすい。

　ですから、ロジカル・シンキングで対応できることに対しては、まずはロジカル・シンキングで対応すれば良いと思います。

　しかし、既に述べたように順調な経済成長が見込めず、新たなテクノロジーの発展によりデジタルディスラプターによる

市場の構造変革が起こされ、これまで安泰だと思われてきた人間の職場に生成AIが進出してきた時代に、ロジカル・シンキングだけでは行き詰まってしまう事態も増えてくるはずです。

　ラテラル・シンキングは、真面目な人たち、特にロジカルこそすべてといった人たちからみれば、とてもふざけた思考法です。私は、そんな真面目な人たち（実は自分も含めてですが）の鼻を明かしてやりたい気持ちを常に持っています。

　同時に、生成AIの鼻も明かしてやりたい（生成AIに鼻があればですが）。いや生成AIを使いこなす側でありたい。

　人間にできることは、非合理的な情報ネットワークの気まぐれな接続による意外性と、ユーモアのセンスを発揮することではないでしょうか。

　もちろん、生成AIも見た目のユーモアは持っていますが、それらは人々が蓄積してきたユーモアのパッチワークのようなものなのでしょう。

　そして、人間にはひらめきがあります。

　ラテラル・シンキングについては私自身まだまだ構えないと使えません。しかし、人間にはこの手があるのだ、と知っておくことは大切だと思います。特に本書では、近年注目されて

いるクリティカル・シンキングとアナロジカル・シンキングとのシナジー効果についても考察するという実験的な試みも行いました。

　本書を読まれたみなさんも、もしもロジカル・シンキングで行き詰まったときは、もう一度本書をパラパラとめくりながら、頭の詰まりを取り除いてみてください。

　きっと、素敵なアイデアが生まれるはずです。

　そんなふうに人間の可能性を信じて、あとがきを終えたいと思います。

※　ロイター『チャットＧＰＴ、ユーザー数の伸びが史上最速＝ＵＢＳ
　　アナリスト』(https://jp.reuters.com/article/idJPKBN2UC04M)

参考書籍

『ラテラル・シンキング入門 発想を水平に広げる』ポール・スローン（ディスカヴァー・トゥエンティワン）

『3分でわかるラテラル・シンキングの基本』山下貴史（日本実業出版社）

『これからの思考の教科書 〜論理、直感、統合―現場に必要な3つの考え方』酒井穰（ビジネス社）

『天才たちの思考法 図解でわかる！ はじめてのラテラル・シンキング』木村尚義（総合法令出版）

『「答えのないゲーム」を楽しむ 思考技術』高松智史（実業之日本社）

『ひらめく人の思考術：物語で身につくラテラル・シンキング』木村尚義（早川書房）

『考える力を鍛える論理的思考レッスン』北村良子（マガジンハウス）

『ずるさで勝る水平思考トレーニング』木村尚義（SBクリエイティブ）

『ひらめき脳』茂木健一郎（新潮社）

『ずるい考え方 ゼロから始めるラテラルシンキング入門』木村尚義（あさ出版）

『アイデアのつくり方』ジェームス W. ヤング（CCCメディアハウス）

『アイデアのヒント』ジャック フォスター（CCCメディアハウス）

『AI時代の「超」発想法』野口悠紀雄（講談社）

『RANGE（レンジ）知識の「幅」が最強の武器になる』デイビッド・エプスタイン（日経BP）

『アナロジー思考』細谷功（東洋経済新報社）

著者プロフィール

しげぞう

1962年生まれ。ライター。ビジネス書のブックライティングを中心に、さまざまな媒体で執筆活動を行っている。執筆ジャンルは多岐にわたり、クリティカルシンキング、デザインシンキング、DX、GX、IT、金融、産業廃棄物、著作権、教育、経済、経営戦略、自己啓発、リーダーシップ、人材採用、ベンチャー企業、相続、事業承継、ライフスタイル、仕事術、メモ術、話し方、原子力、地質学、構造医学などがある。

著書に『副業×定年準備×生きがいづくり 人生を変える！ 50歳からのライター入門』（時事通信社）、『1日1時間から稼ぐ 副業ライターのはじめ方（第3版）』（自由国民社）、『月10万円も夢じゃない！ Webを活用して副業ライターで稼ぐ』（秀和システム）、『駅猫Diary』（洋泉社）がある。

— memo —

— memo —

理詰めの壁を飛び越える。
ビジネスパーソンのためのラテラル・シンキング入門
2024 年 5 月 20 日　初版第 1 刷発行

著　　者	しげぞう
発 行 者	延對寺　哲
発 行 所	㈱ ビジネス教育出版社

〒102-0074　東京都千代田区九段南 4 – 7 – 13
TEL 03（3221）5361（代表）／ FAX 03（3222）7878
E-mail▶info@bks.co.jp　URL▶https：//www.bks.co.jp

印刷・製本	ダイヤモンド・グラフィック社
ブックカバーデザイン	飯田理湖
本文デザイン・DTP	浅井美津

ISBN978-4-8283-1060-2